# El teatro chaqueño de las crueldades

memorias *qom* de la violencia y el poder

Coeditan:

RUMBO SUR / Ethnographica

Centre National de la Recherche Scientifique
(CNRS) / Laboratoire LESC-EREA

Instituto de Investigaciones Geohistóricas (IIGHI)
CONICET / UNNE


Referatos:

El manuscrito fue sometido a revisión por parte de dos evaluadores
anónimos, ambos externos a las instituciones co-editoras


Financiado por:

*Centre Enseignement et Recherche Amérindienne* (EREA) del *Laboratoire
d'ethnologue et de sociologie comparative* (Université Paris Ouest
Nanterre et CNRS)

Consejo Nacional de Investigaciones Científicas y Técnicas (CONICET,
Proyecto PIP N° 0612)

Agencia Nacional de Promoción Científica (PICT 2012 N° 1303)


Aval institucional:

Consejo Nacional de Investigaciones Científicas y Técnicas (CONICET)

International Work Group for Indigenous Affairs (IWGIA)

# El teatro chaqueño de las crueldades

memorias *qom* de la violencia
y el poder

Relatos registrados, traducidos
y comentados por:

Florencia Tola y Valentín Suarez

ETHNOGRAPHICA

Dirección Colección
Florencia Tola
Antropóloga, Investigadora del CONICET y
Miembro asociado al Centro erea del lesc, París

Dirección Editorial
Pablo Rey
Asociación Civil Rumbo Sur

Contacto
ethnographicacoleccion@gmail.com



Diseño de colección
Pablo Rey

Ilustración de tapa
Valentín Suarez

Tola, Florencia
El teatro chaqueño de las crueldades : memorias qom de la violencia y el poder /
Florencia Tola ; Valentín  Suárez. - 1a ed . - Ciudad Autónoma de Buenos Aires : Asociación
Civil Rumbo Sur ; Resistencia : Consejo Nacional de Investigaciones Científicas y
Tecnológicas-CONICET. Instituto de Investigacones Geohistóricas-IIGHI. , 2016.
200 p. ; 22 x 15 cm.

ISBN 978-987-46070-1-0

1. Antropología. 2. Pueblos Originarios. 3. Qom. I. Suárez, Valentín  II. Título
CDD 305.8

# ETHNOGRAPHICA

## Comité Científico

# ACERCA DE LOS EDITORES Y COLABORADORES

FLORENCIA TOLA es investigadora independiente del Consejo Nacional de Investigaciones Científicas y Técnicas (CONICET) e Investigadora asociada al *Centre enseignement et recherche en ethnologie amérindienne* del *Laboratoire d'ethnologie et de sociologie comparative* (Universidad París Oeste Nanterre La Defensa y *Centre national de la recherche scientifique*). Se desempeña como docente en la Universidad de Buenos Aires. Actualmente dirige dos proyectos de investigación (CONICET y SECYT) y desde el año 1997 trabaja con los *qom* (tobas) del Chaco argentino.

VALENTÍN SUAREZ es líder político *qom*, delegado del Consejo de Comunidades Originarias de Formosa y colaborador, desde hace años, en numerosos equipos y proyectos de investigación. Se desempeñó durante más de veinte años como Maestro Especial de Modalidad Aborigen en la escuela de su comunidad, Riacho de Oro, en la Provincia de Formosa.

## COLABORADORES INDÍGENAS

TIMOTEO FRANCIA nació en la Provincia de Chaco y vivió parte de su vida en el barrio toba *Namqom*, Provincia de Formosa, donde falleció. Fue cazador, creyente evangélico, estudiante, autodidacta y dedicó su vida al conocimiento y a la lucha contra las injusticias a las que su pueblo es sometido.

ERNESTO SEGUNDO, también conocido como Pepe, vivió en la comunidad Riacho de Oro, Provincia de Formosa, donde falleció. En 2008-2009 Florencia Tola registró numerosos relatos que Pepe quiso contar sobre los antiguos, la Guerra, el territorio, los antiguos subgrupos, el Evangelio, entre otros. En numerosas oportunidades, Pepe estaba acompañado de varios hombres y mujeres de su comunidad quienes también deseaban escucharlo.

Asunción Ceferino es hija de Ceferino Candelario y se la conoce también como *Shonshona*. Es una anciana que vive en la comunidad Olla quebrada, Provincia de Chaco. En 2012 le relató diversas historias a Valentín Suarez con miras a que fueran publicadas y se conocieran los sufrimientos de sus parientes durante la Conquista militar de finales del siglo XIX.

Federico Gómez era oriundo de la comunidad San Carlos, Provincia de Formosa, pero vivió parte de sus últimos años en el barrio toba *Namqom* de Formosa. Fue cazador y gran conocedor de historias de los antiguos e historias de la Guerra.

Félix Suarez, hermano de Valentín Suarez, es un hombre adulto que vive en la comunidad Riacho de Oro, Provincia de Formosa. Es ampliamente conocido por sus habilidades para la caza y la pesca, por sus conocimientos del territorio y de la vida de los antiguos y por su profunda memoria.

Pablo Floricel, llamado también *Anaco*, es un anciano que vive en la comunidad San Carlos, Provincia de Formosa. Gran cazador y pescador, con un particular sentido del humor, *Anaco* también disfruta de relatar historias que él vivió o que le contaron sus antepasados.

Eduardo Mansilla es oriundo de la comunidad Riacho de Oro, Provincia de Formosa. Actualmente reside en el barrio toba *Namqom*, Provincia de Formosa. En 2011 le relató una serie de historias a Valentín Suarez acerca del abuelo de Valentín; Vailón Suarez o *Rachiyi*.

Juan Rivero es un hombre mayor que vive en Río Muerto Cruz, Provincia de Chaco. En 2011 le relató historias a Valentín Suarez quien las grabó en toba y luego las tradujo junto con Florencia Tola.

Laureano Méndez es un anciano que reside en la comunidad Riacho de Oro y que, en 2009, le relató a Florencia Tola algunas historias en toba a pedido de Valentín Suarez. Luego, junto con Valentín, las historias fueron traducidas por ambos.

Carlos Torrent es un cazador que vivió en la comunidad San Carlos, Provincia de Formosa, y que desde hace algunos años vive en el barrio *Namqom*. En el 2001, a raíz de la crisis económica del país, él y otros hombres *qom* salieron de cacería e ingresaron a campos privados para poder obtener sus presas. Esta salida de marisca tuvo efectos terribles para ellos y para todo el barrio ya que fueron acusados de matar a un policía en un campo cercano. A pedido de Florencia Tola, esta historia fue narrada por Carlos Torrent a Valentín Suarez en 2012, luego de haber salido de la cárcel tras haber sido acusado de un crimen que no cometió.

MARIANA GIORDANO es investigadora independiente del Consejo Nacional de Investigaciones Científicas y Técnicas (CONICET) y docente de la Facultad de Humanidades de la Universidad Nacional del Nord-este (UNNE). Actualmente dirige el Instituto de Investigaciones Geohistóricas (CONICET-UNNE) en Resistencia, Chaco. Sus investigaciones abordan problemáticas vinculadas a la cultura visual y la historia del Arte del Gran Chaco.

LEANDRO MOGLIA es becario post-doctoral del Consejo Nacional de Investigaciones Científicas y Técnicas (CONICET) y docente en las Facultades de Humanidades y de Ciencias Económicas de la Universidad Nacional del Nordeste (UNNE). Sus investigaciones abordan problemáticas vinculadas a la Historia Económica Regional y a la Economía Social y Solidaria del Chaco.

ADRIÁN ALEJANDRO ALMIRÓN es becario doctoral cofinanciado por el Consejo Nacional de Investigaciones Científicas y Técnicas (CONICET) y la Universidad Nacional del Nordeste (UNNE). Sus investigaciones abordan problemáticas vinculadas a política de tierras y a la colonización del Territorio Nacional del Chaco.

CELESTE MEDRANO es investigadora del Consejo Nacional de Investigaciones Científicas y Técnicas (CONICET). Obtuvo la licenciatura en Biodiversidad por la Universidad Nacional del Litoral y es Doctora en Antropología por la Universidad de Buenos Aires. Fue becaria doctoral del Consejo Nacional de Investigaciones Científicas y Técnicas. Su tema de investigación se vincula con la etnozoología de grupos indígenas *qom* del centro-este y centro-sur de la Provincia de Formosa.

ANA VIVALDI es doctora por la Universidad de British Columbia (Canadá) donde también se desempeña como ayudante docente desde el año 2005. Integró diversos proyectos de investigación en la Argentina sobre políticas indígenas y, desde el año 1997, trabaja con los *qom* de barrios urbanos.

*A Lua e Irina*
*mi luz y mi paz*

# ÍNDICE

# Una modernidad excedida por todos lados

Mario Blaser

"Bueno, termina la guerra por flecha, por armamentos, pero ahora es la lucha por leyes, por constituciones, por decretos. Esa es la lucha indígena". Así, concluye Valentín Suarez la historia del antiguo jefe *Meguesoxoche*, quien luchó contra la invasión de los blancos al territorio *qom*. Un ser (indefinido), de los tantos que pueblan el Chaco, le dio un poder: no ser muerto en guerra. Así, se enfrentó con los soldados hasta que éstos lo capturaron y trataron inútilmente de matarlo. Al final, se lo llevaron quién sabe dónde. Pero antes de partir, el antiguo jefe dejó un mensaje: que él no moriría y que un día las nuevas generaciones, tal vez la última, verían una paloma blanca y esa sería la señal de que él está pasando ese poder a otro.

La historia condensa el espíritu de este libro, capturar aquello que excede el sentido común, las categorías y la historia dominante. Así, el famoso aforismo de Foucault, quien invirtiendo el de Clausewitz propuso que "la política es la continuación de la guerra por otros medios", encuentra en el *Teatro Chaqueño de las Crueldades* un referente empírico notable, con una variante pequeña pero importante que Rancière nos trae a cuento: en este caso no es "la política" (aquella tarea de encontrar la forma de vivir unos con otros), sino que son "las políticas" (aquellos procedimientos que articulan los acuerdos ya alcanzados y que fundan una comunidad) aquello que reemplaza a la guerra. Y esto se hace evidente si recordamos que el cambio de "medios" en este caso no marca una suspensión del antagonismo de la guerra entre mundos, sino su invisibilización. En efecto, una vez que el espectáculo de la crueldad ha cumplido su cometido, pareciera que la escena está ocupada por una sola protagonista, llámese esta Historia universal o avance ineluctable de la modernidad. Así, el sentido común dominante nos dice que los *qom* estarían hoy, de una manera u otra, incorporados dentro de una lógica que es común a todos los sujetos políticos de un Estado nación: luchan por sus derechos humanos y por sus "recursos". Esto es indudable, pero ¿es eso todo lo que hay aquí en juego?

Lo que este libro recupera es aquello que se ha hecho invisible, la guerra que continúa bullendo bajo la pacificación impuesta con los medios más brutales. Entre otras cosas, esa guerra subyacente se manifiesta en la incomodidad ante aquello que interrumpe la razón moderna empujándola a encontrar explicaciones que contengan lo que la excede. ¿Seres que dan poder de inmunidad a las balas o que ayudan a escapar a *qom* cautivos de los soldados? ¿Estrellas que comunican eventos por venir? En tiempos pasados, ese exceso de agencia se atribuía a una mentalidad primitiva. Más recientemente, el concepto de cultura habilitó una lectura más políticamente correcta, una lectura que permitía poner entre paréntesis la posibilidad de un entredicho acerca de lo que existe. En otras palabras, una lectura que, a lo sumo, permitía visualizar desacuerdos sobre cosas en común (derechos y recursos) y seguir evadiendo la presencia de una guerra entre mundos.

Lo que se propone acá, siguiendo una serie de desarrollos teórico-políticos recientes es suspender esas operaciones de contención del exceso. Este libro nos invita a entrar en una escena que vuelve a estar poblada por todos los agentes involucrados y así nos deja con la pregunta política más fundamental: ¿cómo haremos para vivir juntos? Esta pregunta excede "las políticas" (los decretos y las leyes) y realmente apunta a reemplazar la guerra por la política propiamente dicha, pero para eso, y como lo ha señalado Bruno Latour, primero hay que reconocer que hay una guerra. Pero aun antes de eso hay que reconocer que el relacionamiento y enmarañamiento de los muchos mundos del Chaco con el mundo dominante de la modernidad no los hace uno y lo mismo. ¡Si prestamos atención se percibe cómo la modernidad está excedida por todos lados! El *Teatro Chaqueño de las Crueldades* precisamente nos obliga a prestar esta debida atención.

# AGRADECIMIENTOS

Agradezco a todos los *qom* por su confianza en mí, por habernos relatado estas historias y por desear que se publiquen. Específicamente, deseo expresar mi gratitud a las comunidades San Carlos, Riacho de Oro y Santo Domingo por su respaldo permanente a mi trabajo desde el año 2000. Especialmente, a Félix Suarez, a Ernesto Segundo, a Sandalio Tanino y Ema, a Martín Barrios y sus hermanos, a Timoteo Segundo, a Laureano Méndez y Anata, a Alfredo Pérez y Ana, a Cirilo y su familia, a Anaco y Élida, a Pedro y Alejandra, a Celestino y Alejandrina, a Gerónima y Orlando, a Paulino y Ercilia, a Reinaldo Floricel y su esposa, a los González, a Pacencia y su esposa, a Vicente Gómez y Julia, a sus hijas, a Hilda, Bety y sus esposos, a Federico Gómez, a Juan Carlos y sus hermanos, a Rita, a los Torrent, a Andrés Barreto y su familia, a Aurelio Barreto, a Santiago Charole, a Félix Diarte, a Aurelio Charole y su familia, a Rosenda y Domiciano, a Carolina Diarte y hermanas, a Manuel Segundo y su papá, a Rubén Álvarez, a Enrique Mansilla, a Auden Charole y hermanos, a los MEMA, a Rafael Mansilla y su familia, a Toti Diarte y su familia.

También agradezco el trabajo compartido con los habitantes de Km. 503, especialmente a Paulina, Faustina, Vilo, Olegario, Carlos y familia. A Mauricio Maidana va también dirigido mi profundo agradecimiento por sus capacidades excepcionales de enseñarme la lengua toba y mucho más sobre el pasado y la vida de los *qom*. No puedo dejar de mencionar a quienes en el barrio *Namqom* me reciben y acompañan desde hace ya casi veinte años, con su apoyo y aliento, con su amistad, sabiduría y generosidad. A Graciela Núñez, Roberto Sosa y a sus hijos va dedicado mi profundo agradecimiento.

Agradezco también a mis colegas Celeste Medrano y Mariela Rodríguez por las sugerencias y comentarios a una versión preliminar de este libro, así también a mis colegas chaqueños coetáneos que, con sus etnografías, estimulan permanentemente mi escritura. Alfonso Otaegui, Rodrigo Villagra, Paola Cúneo, Cristina Messineo, Pablo Wright, Cesar Ceriani Cernadas, Ana Vivaldi, Alejandro López, Silvia Citro, Valeria Iñigo Carrera y Lorena Cardin son algunos de ellos. No puedo dejar de agradecer también a Mariana Giordano, Leandro Moglia, Adrián Almirón, Celeste Medrano y Ana Vivaldi por haber aceptado participar en esta iniciativa que aspira a encontrar formas menos convencionales de llevar adelante nuestro oficio. Unas palabras de agradecimiento van dirigidas a Antonela dos Santos por su generosidad en la lectura final del manuscrito y por su fina revisión. Finalmente, agradezco a quienes con sus etnografías y análisis me estimularon todos estos años a indagar en una antropología más colaborativa, simétrica y equilibrada.

Agradezco al Consejo Nacional de Investigaciones Científicas y Técnicas (CONICET) por los subsidios (PIP) de estos años que me permitieron llevar adelante mis investigaciones entre los *qom*. También agradezco a la Agencia Nacional de Promoción Científica y Tecnológica que, a través de la financiación de proyectos PICT, contribuyó con la realización de las investigaciones en el Chaco y con la formación de equipos interdisciplinarios. Ambas instituciones y el *Centre Enseignement et Recherche en Ethnologie Amérindienne du Laboratoire d'Ethnologie et de Sociologie Comparative* (*Université Paris Ouest Nanterre La Défense et Centre National de la Recherche Scientifique*) hicieron posible, con su apoyo económico, la publicación de este libro. Agradezco al Instituto de Investigaciones Geohistóricas (IIGHI) del CONICET-UNNE y al *Centre Enseignement et Recherche en Ethnologie Amérindienne* del CNRS por decidir ser coeditores de este libro, junto con la Colección Ethnographica (RUMBO SUR).

Florencia Tola

# LISTA DE IMÁGENES

**Dibujos**



**Fotos**

### Mapas



### Grabados y pinturas

# Una historia más que humana

Florencia Tola

## 1. Humanos y no-humanos: agentes activos de la historicidad chaqueña

Este libro es una compilación de historias narradas por hombres y mujeres, ancianos y adultos tobas (*qom*)[1] que residen en el centro y centro-sur de las actuales provincias de Chaco y Formosa, en el Chaco argentino, y giran alrededor de hechos y vivencias atravesados por el poder y la crueldad ejercida hacia ellos desde la Conquista de finales del siglo XIX.

Estas narraciones constituyen parte de la historia de los pueblos indígenas chaqueños, pero también son parte de la historia indígena en el sentido de la historia vivida y relatada *desde* el punto de vista indígena. En ellas se escuchan las voces de quienes sufrieron, de manera ininterrumpida, el atropello y la discriminación que acompañaron el proceso de conformación de un país con aspiraciones a convertirse en una nación blanca y "civilizada". Las historias muestran el lugar de los indígenas en las diversas guerras por la delimitación de la frontera norte, el modo en que los *qom* participaron en el desarrollo productivo regional y dejan ver también que la ubicación actual de los pueblos indígenas chaqueños es consecuencia directa del avance

---

1 Los tobas, los pilagás y los movovíes se autodenominan *qom* y forman parte de un *continuum* desde el punto de vista lingüístico y cultural (MESSINEO 1990-1991).

de la línea de fortines y el despliegue de la colonización[2].

Sin embargo, la memoria histórica de los *qom* no se reduce a las relaciones que ellos o sus antepasados mantuvieron con la sociedad no-indígena. Es decir, su historia no es solo "la historia de los pueblos indígenas" luego de su vinculación con los agentes que permitieron la formación del Estado. Por el contrario, su historia indígena guarda relación con la modalidad narrativa propia de esta sociedad chaqueña, en la que no se disocian ni los hechos sucedidos durante la Conquista y colonización de aquellos ocurridos en los primeros tiempos (los tiempos de los antiguos), ni el accionar de los seres humanos del de otras entidades que también son pensadas como personas. De hecho, cabe destacar que dentro del repertorio del arte verbal *qom*, tanto las historias míticas como los relatos históricos forman parte del género narrativo (Messineo 2014) que refiere a hechos del pasado, transmitidos oralmente de generación en generación. Las narraciones históricas "presentan una estructura discursiva semejante" (*ibid.*: 101) a aquella de las narraciones míticas y de las historias personales, "y utilizan recursos retóricos y morfosintácticos similares" (*ibid.*). Las crónicas de hechos históricos al igual que las narraciones míticas, los cuentos humorísticos y las historias personales constituyen lo que la lingüista Cristina Messineo refiere como el "discurso narrativo" (2003: 200) que se caracteriza por el uso de "nombres propios [...] de entidades sobrenaturales [...], de seres humanos o de lugares geográficos [...]" (*ibid.*: 208-209).

Las historias aquí editadas narran entonces acontecimientos que, desde una lectura occidental, tenderíamos a considerar como históricos y objetivos —la Conquista, las enfermedades del contacto, el ingreso en las Reducciones y el proceso de sedentarización— pero reflejan, a su vez, diferencias respecto de la historia documental en lo relativo tanto al modo de organizar el paso del tiempo, los hechos del pasado o aquellos ocurridos en temporalidades diferentes, como al devenir de las generaciones y las relaciones entre los diversos existentes del cosmos. Los sucesos que se leen en estos relatos están, en efecto, insertos en una socio-cosmología y en una ontología que tienen implícitas una noción particular de agencia, de transformación y de persona. Gran parte de ellos entrelazan el accionar de los caciques memorables y las batallas con el ejército, con el obrar de entidades que —a pesar de no ser humanas— son consideradas como personas capaces de incidir en la vida de los seres humanos, en el transcurso de la historia y en el mundo[3]. Nos referimos

---

2 La sedentarización de comienzos del siglo XX de los indígenas chaqueños se fue produciendo alrededor de las misiones que impulsaban el desarrollo de la agricultura o de colonias agrícolas situadas en las márgenes de los territorios colonizados y destinados a la explotación agrícola y algodonera. Volveremos sobre este tema.

3 Las investigaciones antropológicas de Pablo Wright fueron pioneras por la década de 1990 en los estudios chaqueños sobre ontología. En sus trabajos, Wright propuso una visión postcolonial de la ontología toba y abordó la taxonomía de los *siỹaxaua* (personas) sirviéndose de la oposición humanos/no-humanos: "[...] los *qom* son clasificados como *shiaGawa*, seres no-

a los compañeros no-humanos de los chamanes, a los muertos y a los dueños de los animales y de ciertos fenómenos atmosféricos[4]. Las narraciones sobre el pasado más remoto, sobre la vida de los antiguos (*ltoxoshic*) y las relaciones interétnicas tienen como protagonistas a estos seres y fenómenos no-humanos dotados de gran poder, que interactuaron con los *qom* durante la Conquista y lo siguen haciendo en la actualidad.

La narración toba de sucesos del pasado está filtrada por presupuestos ontológicos particulares según los cuales el universo, la vida social, la historia y las relaciones interétnicas son el resultado no solo de las acciones que lo seres humanos llevan adelante consciente e intencionalmente, sino también de las articulaciones que se producen en el seno del ensamblaje humano-no-humano que compone el mundo en el que *qom* y blancos conviven. Si partimos de la idea de que la historia no es para los *qom* una sucesión ordenada cronológicamente de acontecimientos objetivos, sino una forma de actualizar relaciones transtemporales entre humanos, y entre estos y los existentes no-humanos desplegadas en escenarios múltiples en los que todos se asocian, se distancian, se fusionan y se vuelven a desarticular; al abordar la forma *qom* de referir a los hechos pasados podríamos pensar en términos de *ontohistorias*. Es decir de *ontologías históricas* no solo por las transformaciones que las formas de componer mundos atraviesan a lo largo del tiempo, sino por la importancia de considerar las ontologías en los abordajes históricos.

La etnografía chaqueña clásica y contemporánea ha hecho referencia a las entidades no-humanas en diversos momentos, escenarios y prácticas indígenas a lo largo del devenir histórico regional: en las guerras, en la Conquista, en la evangelización, en los obrajes, en el chamanismo y en la cacería[5]. Si en trabajos previos (Tola 2009, 2010, 2012, 2016) nos dedicamos a mostrar que estas entidades, más que teofanías, espíritus o dioses creadores, son —desde la perspectiva toba— verdaderas personas que llevan adelante una vida social semejante a la humana, la intención del presente libro es evidenciar que estas personas no-humanas —que cualquier etnógrafo atento escucha nombrar durante su trabajo de campo— no fueron parte

---

humanos pueden adoptar diferentes formas, como *shigijak*, *shiaGawa*, plantas (*nañigishik*), o como seres mixtos [...]" (1997: 227). Luego de sus investigaciones, los trabajos de Florencia Tola (2012, 2016) continuaron con el interés por los conceptos de persona y las ontologías chaqueñas.

4 En las tierras bajas sudamericanas abundan las etnografías que, durante las últimas décadas, desarrollaron aspectos diversos de las relaciones de los indígenas con los dueños no-humanos de los animales y teorizaron sobre dichos esquemas relacionales (ver Fausto 2001, 2008, 2012a, 2012b, Kohn 2007, Daillant 2003, Bonilla 2005, 2007, Santos Granero 2009, Cesarino 2010 y Tola 2010b).

5 Ver Cordeu (1969-1970), Tomasini (1969-1970, 1978-1979), Miller (1979), Wright (2008), Gordillo (2006, 2010), Ceriani (2008a y 2008b), Citro (2009), López (2007, 2013), López y Gímenez Benítez (2008, 2009a, 2009b), Medrano (2012), entre otros.

del telón de fondo sobre el que los verdaderos protagonistas de la historia chaqueña (indígenas, militares, misioneros y colonizadores) llevaban adelante sus vidas e interacciones. Estas entidades ocuparon y ocupan, más bien, un lugar central en la manera en que los *qom* relatan su historicidad y viven actualmente su socialidad.

Lo narrado en este libro no se limita, por tanto, a las atrocidades cometidas por el ejército o a las hazañas y estrategias de líderes y guerreros indígenas, sino que describe los poderes y las visiones de chamanes, animales, pájaros, muertos y dueños de animales. Las historias sobre la vida de los antepasados y sus relaciones conflictivas con los recientes colonizadores se anclan, de hecho, en esta ontología particular en la que el universo no está solamente habitado por personas humanas, sino que contiene a personas no-humanas con quienes los indígenas se vincularon y que fueron sus aliados durante los enfrentamientos con los enemigos. Como refieren Fausto y Heckenberger para la Amazonía, la historia indígena es "el resultado de interacciones sociocósmicas entre diferentes tipos de personas, humanas y no-humanas [...]" (2007: 14, traducción nuestra).

Al mismo tiempo que constituyen una (re)construcción de la historia localizada de los *qom* del centro y centro-sur chaqueño y evidencian la inscripción de la memoria en el espacio, los relatos aquí presentados dejan traslucir el modo en que los indígenas tobas conciben la temporalidad. En la manera no lineal, más espiralada que diacrónica, de experimentar el paso del tiempo y los acontecimientos narrados y vividos; lo que solemos denominar mito se entrelaza con aquello que definimos como historia y experiencia de vida. De esta manera, se torna borroso el momento en que comienza "la historia" —que, desde una mirada clásica, suele tener poco que ver con la indiferenciación humano-no-humano o con cualquier agencia que no sea la humana—, en que se deja atrás el mito y se da lugar, más precisamente, a una *mitohistoria* (Salomon 1999). Ciertos sujetos presentes en las narraciones no son, entonces, personajes mitológicos que resurgen, de manera confusa, en relatos históricos operando la transformación o actualización del mito. Ellos son, por el contrario, sujetos inmanentes al mundo de los *qom*, que siempre estuvieron y que, junto con ellos, hacen la mitohistoria y la socialidad chaqueña. En este sentido, las memorias de los ancianos contienen no solo recuerdos de hechos "históricos" que se fueron transmitiendo de generación en generación, sino también visiones, sueños, consejos, viajes por diversos mundos y tiempos, interacciones con zorros, aves, muertos y truenos; todas ellas entidades pensadas como agentes activos de la historicidad chaqueña.

La Conquista, con sus métodos violentos y la usurpación de los territorios indígenas, muestra, sin duda, el poder militar del ejército argentino. Ahora bien, las visiones de los chamanes que posibilitaron una huida o la realización de una emboscada, la comunicación con el trueno, el poder del fuego que permite que la pata de una olla venza al enemigo y los cuerpos blindados de los chamanes que rechazan las balas testimonian el poder de los *qom*. Es este poder el que, en numerosas ocasiones, los posicionó como vencedores y no como meras víctimas o vencidos.

Imagen 1. *Araxanaq late'e* o madre de las víboras.
Ilustrador: Valentín Suarez

¿Cuáles son las características que reviste este poder? En primera medida, detentarlo marca una diferencia sustancial —de grado más que de naturaleza— entre los seres humanos (*qom* y blancos) y los no-humanos, si bien todos pueden potencialmente tornarse poderosos. Los no-humanos son quienes lo detentan en mayor medida y quienes pueden otorgar parte de sus capacidades a los seres humanos, principal pero no exclusivamente, a los chamanes. En propiedad de los humanos, el poder tal como lo conciben los *qom* se expresa a través de habilidades sensoriales superlativas y de atributos que el cuerpo humano en sí mismo no habilita: volar por el cosmos, sumergirse y vivir en las profundidades del agua, cambiar de apariencia física, etc. En el caso de los no-humanos, la ubicuidad y la visión absoluta, la comunicación con seres semejantes y diferentes, la posibilidad —no necesariamente mediada por el cuerpo— de conocimiento y acción, el desplazamiento opcional por el universo, la capacidad de ser percibido cuando se desea, así como la posibilidad de cambiar de apariencia corporal, de actuar sobre los otros, de influir en sus voluntades y determinar sus acciones constituyen las principales características de un ser dotado de poder.

Los relatos aquí editados dan cuenta precisamente de que, si bien los seres no-humanos son quienes poseen la mayoría de estos atributos, los humanos (chamanes y *oiquiaxai*[6], sobre todo) pueden, en determinadas circunstancias e interacciones, adquirir las destrezas propias de los no-humanos y tornarse seres con poder.

Imagen 2. *Veraic* o dueño de los peces.
Ilustrador: Valentín Suarez

6 Volveremos sobre este término. Para la transcripción de las palabras y expresiones en toba utilizamos los siguientes símbolos fonéticos: [sh] (fricativa palatal sorda), [q] (oclusiva uvular sorda), [x] (oclusiva uvular sonora), ['] (oclusiva laríngea sorda), [ỹ] (palatal sonora). Ver Messineo (2003).

## 2. La Guerra, las "razas" y la sedentarización de los antiguos

Gran parte de las narraciones que compilamos tienen en común el remitir a acontecimientos que vivieron los antepasados de los actuales *qom* (algunos de ellos, sus narradores) durante la época de La Guerra y los años posteriores a la misma. Cuando los *qom* hablan de La Guerra se refieren a la Conquista militar comenzada con la expedición de 1884 del General Victorica destinada a ocupar los territorios de las actuales provincias de Chaco y Formosa; Conquista que culminó con la expedición del coronel Enrique Rostagno en 1911 que efectivizó la colonización del Chaco central. Por esos años, dichos territorios estaban habitados por una diversidad de pueblos indígenas que estaban vinculados entre sí a través de un entramado de relaciones interétnicas que oscilaban entre los intercambios pacíficos y las guerras.

Las denominaciones de estos pueblos han ido variando a lo largo de los años. En las primeras etnografías de la región se lee acerca de un Chaco poblado por *chulupí*, *moro*, *mataco*, *chamacoco* y *toba*, mientras que en la actualidad predomina referirse a ellos como *nivaklé*, *ayoreo*, *wichí*, *ishir* y *qom* respectivamente (Richard 2011). Adherimos a la lectura sugerente del antropólogo franco-chileno Nicolás Richard acerca de la imbricación mutua entre "la evolución de los nombres y la evolución de las realidades sociológicas que ellos designan" (2011: 207, traducción nuestra). Es con base en esta relación que el autor propone que "las transformaciones en el tejido etnonímico traducen evoluciones profundas en el agenciamiento social e histórico de las poblaciones indígenas del Chaco" (*ibid.*).

Con respecto al término toba, cabe aclarar que es la designación oficial de quienes se denominan a sí mismos *qom*. Desde hace unos años, los miembros de algunas comunidades y de cierta generación aspiran a ser llamados de este modo. De hecho, toba no corresponde a una autodesignación, sino que se asocia con un nombre guaraní usado para designar a los "frentones". El término *qom*, en cambio, deriva del pronombre personal de la primera persona plural (*qomi*, *qom*: 'gente', *-i*: sufijo pluralizador) y designa, como tal, una posición relacional que abarca, en un sentido restringido, a quienes hablan una misma lengua y comparten una misma ontología, cosmología y una forma de vincularse con el entorno y, en un sentido amplio, a las personas indígenas.

En la época de la Conquista, los *qom* no eran un pueblo homogéneo. Existían, de hecho, varios subgrupos o parcialidades (según las fuentes) asociados a diversas zonas del Gran Chaco[7]. La reconstrucción que se hace de los acontecimientos pasados está permeada por la adscripción a cada uno de dichos subgrupos y, por

---

7 Para una profundización de los diversos pueblos chaqueños y parcialidades de un mismo pueblo que existían en el momento de la Conquista y su localización en el territorio, ver el proyecto de José Braunstein relativo a la elaboración de una Carta étnica y sus numerosas publicaciones.

ello, la "versión *qom*" de los hechos, más que constituirse como un relato coherente y unificado de la Conquista, está compuesta de numerosas micro-historias transmitidas oralmente, muchas veces a través de las huellas grabadas en el territorio de cada parcialidad. Dicho territorio no conocía alambrados y estaba habitado por los antiguos o por lo que los *qom* denominan las "razas". Éstas eran unidades políticas que decidían sobre la paz y la guerra, y estaban conformadas por individuos que se identificaban con un nombre común, hablaban una misma variante dialectal y recorrían un amplio territorio común, según las estaciones y la abundancia de la flora y la fauna. Los Perros (*pioxolpi*), los Cuervos (*teguesanpi*) y las Luciérnagas (*'edaxaipi*) son algunos de los nombres de estas unidades sociales entre las cuales, según relatan los actuales *qom* y las fuentes etnográficas, por aquellos tiempos no se contraían matrimonios. Las alianzas matrimoniales se efectuaban, de hecho, dentro de cada una de las "razas" y fuera de unidades sociales más reducidas denominadas bandas, que agrupaban a varias familias extensas[8].

| **Nombres antiguos de los subgrupos *qom* de Riacho de Oro, San Carlos, Santo Domingo y Km. 503** | | |
|---|---|---|
| Huaguilot | Rapiguemlec | Teguesan |
| Oxoȳaxaic | ȳolo | 'edaxaic |
| Rapicoshec | Qol | Pioq |
| No'olgaxanaq | Sharoa | |

La época de los antiguos era también aquella en la que la vida de los *qom* estaba estrechamente ligada a la marisca o *'ipiaxaq* (cazar, pescar y recolectar frutos y miel). La marisca trascendía —y transciende aún— la actividad económica de subsistencia, constituyendo un marco ético-normativo de las relaciones de los seres humanos entre sí y de éstos con las presas y los seres no-humanos (especialmente, los dueños de los animales, plantas y ámbitos). Dentro de los modos de vincularse con los animales y sus dueños no-humanos es central la actitud de *'achoxoren*, es decir, de compadecerse u obtener la compasión del otro: a través de prácticas y rogativas diversas, los mariscadores buscan la compasión de los dueños de los animales con el fin de que éstos les otorguen presas[9]. Así, los hombres sobrellevan su situación generalizada de *lachoxoyec* o pobreza. Los términos *qom* que designan 'pobreza' y

---

8 Sobre la organización social en general y el parentesco de los pueblos chaqueños, ver principalmente Karsten (1932), Cordeu y de los Ríos (1982), Braunstein (1983), Palmer (2005), Barúa (2007), Tola (2014).

9  Sobre las rogativas *qom*, ver Messineo (2014) y para una lectura actualizada de la compasión y los dueños de los animales, ver Tola (2010b) y Tola y Suarez (2013).

'compadecerse' se forman a partir de la misma raíz *-choxoq-* y se asocian tanto gramatical como semánticamente. La siguiente rogativa relatada por Timoteo Francia fue pronunciada por un cazador antes de ir al monte y está dirigida al dueño de los animales o del monte (*no'ouet*):

> *'am 'achoxoren, ten seqouat, nache am saconeua nache nca'aleec.*
> ten compasión de mí (*'am 'achoxoren*), mirá que tengo hambre (*ten seqouat*), entonces te agarro y así vivo (*nache 'am saconeua nache nca'aleec*).

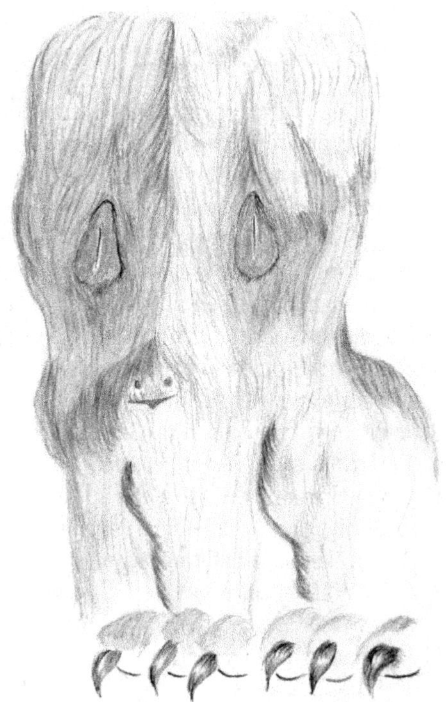

Imagen 3. *No'ouet.*
Ilustrador: Valentín Suarez

Es sabido que luego de la Conquista y colonización, la relación con el entorno (presas, plantas y dueños) así como el panorama étnico chaqueño varió considerablemente. Las unidades sociales referidas (las razas o parcialidades) dejaron de tener la fuerza sociológica que poseían ya que los diversos grupos comenzaron a establecerse de modo cada vez más permanente en el territorio recientemente conquistado, en las Reducciones y en las Misiones religiosas. Los viajes a los ingenios azucareros del oeste y el contacto permanente con subgrupos enemigos en las

Reducciones y Misiones generaron cambios en los patrones de movilidad, en las pautas matrimoniales así como en las relaciones de intercambio, paz y guerra que regían la vida social antes de la Conquista[10]. Asimismo, las prácticas de subsistencia se vieron afectadas parcialmente al comienzo, y drásticamente a medida que avanzaban los años ya que los territorios de cacería, pesca y recolección dejaron de pertenecerles y comenzaron a ser cercados por criollos que prohibieron el acceso a los indígenas.

De este modo, el corolario del ejercicio de la violencia y del terror que caracterizó la Conquista fue la expropiación de los territorios ancestrales, la relocalización de los grupos indígenas a zonas marginales, la colonización por parte de población criolla, el desarrollo económico de la región a partir de la mano de obra esclava indígena y la persecución ideológica y la conversión al cristianismo como mecanismo de asimilación. La creación de las Misiones religiosas, de las Reducciones y Reservas tuvieron como objetivo sedentarizar a los indígenas y transformarlos en mano de obra barata para los asentamientos de colonos y los ingenios azucareros[11].

Es por todo esto que para muchos *qom* La Guerra no ha terminado o, más bien, ha ido adoptando, con los años, nuevas formas (ver especialmente el último relato *qom* de este libro). Ellos siguen siendo atropellados dentro de sus territorios (los pocos que conservaron), siguen viendo vulnerados sus derechos, continúan reclamando justicia y ser tratados como seres humanos. La violencia y la segregación de la que fueron objeto durante la Conquista y colonización no terminaron. Por el contrario, en cada reclamo no escuchado, en cada tierra cercenada y en cada uno de los espacios de vinculación interénica se perpetúan, día tras día, lógicas antiguas de dominación, discriminación y exclusión. Como bien señalan muchos líderes *qom*, en la actualidad la aniquilación es progresiva y ocurre a través de aquellos dispositivos hegemónicos que paradójicamente pregonan y suponen la inclusión. La escasez de contenidos educativos bilingües, la falta de diálogo entre saberes biomédicos y saberes indígenas sobre el cuerpo, la enfermedad y la salud, el limitado número de indígenas que accede a una formación universitaria, la cada vez mayor reducción de los territorios en los cuales llevar adelante prácticas y saberes antiguos sobre el entorno, así como la cotidiana discriminación por "ser indios" en la ciudad o en los pueblos son algunas de las expresiones de la aniquilación lenta pero constante de la que son objeto.

---

10 Para una contextualización etnohistórica de los indígenas chaqueños, ver Braunstein y Miller (1999); para un análisis de los indígenas y los ingenios azucareros, ver Gordillo (2010); para una revisión de los primeros años de la colonización y las relaciones con las Misiones, ver Miller (1979) y Wright (2008), entre otros.

11 Sobre el tema ver Wright (2008).

Imagen 4. Comunidad *qom.*
Foto: Florencia Tola

## 3. El Chaco. Su geografía e historia

El Gran Chaco sudamericano constituye una vasta llanura semi-árida que se extiende hoy en día sobre parte del norte de Argentina, del este de Bolivia, del oeste de Paraguay y del sur de Brasil, a lo largo de más de un millón de kilómetros cuadrados. Esta región se halla delimitada por los ríos Paraná y Paraguay hacia el este, por la pre-cordillera de los Andes hacia el oeste, por los llanos de Chiquitos y la meseta del Mato Grosso hacia el norte y por la cuenca del río Salado hacia el sur, representando una transición hacia la Pampa argentina. Se divide, asimismo, en tres subregiones según el gradiente pluviométrico de este a oeste: el Chaco Húmedo en su porción oriental, el Chaco Central y el Chaco Seco en su porción occidental[12]. Comprende además un mosaico de ecosistemas, aunque predomina el bosque sub-tropical seco (en el oeste) y sub-húmedo (en el este), adaptado a una marcada estacionalidad en las precipitaciones[13].

______

12 Se identifica asimismo el Chaco boreal al norte del río Pilcomayo; el Chaco central entre el río Pilcomayo y el Bermejo y el Chaco austral al sur del Bermejo

13 Para una descripción actualizada de los ecosistemas, la flora y la fauna chaqueña, ver TORRELLA y ADÁMOLI (2005), GINZBURG y ADÁMOLI (2006) y MORELLO *et al.* (2009).

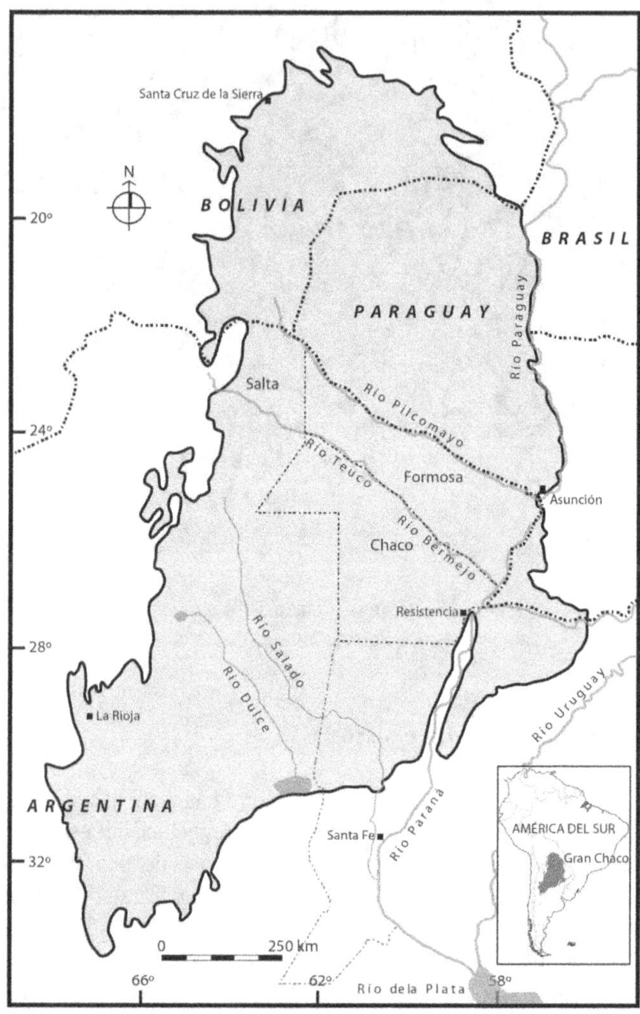


Imagen 5. El Gran Chaco.
Confección: Celeste Medrano

El Gran Chaco está constituido por estepas halófitas, vegetación hidrófita en grandes áreas de inundación, palmares y sabanas edáficas o inducidas por desmontes (Cabrera y Willink 1980, Ginzburg y Adámoli 2006). Las comunidades arbóreas más destacadas son los quebrachales, los algarrobales, los chañarales, los mistolares y los duraznillares. Se encuentran más de tres mil cuatrocientas especies de plantas. La fauna, por su parte, presenta una amplia variedad de especies de felinos tales como el gato montés (*Oncifelis geoffroyi*) o *copaic* en toba, el tigre o yaguareté (*Panthera onca*) o *quiyoc* en toba y el puma (*Puma concolor*) o *sauaxaic* en toba; de edentados como el oso hormiguero gigante (*Mirmecophaga tridactyla*) o *potai* en toba y los armadillos (*Chaetophractus villosus, Dasypus* spp., entre otros) o, en toba, *tapinec, mogosaxan, napam, shiñit* y *pamalo*. También abundan los chanchos de monte (*Pecari tajacu, Tayassu pecari* y *Catogonus wagneri*) o *cos* y *ỹolo* en toba, el ñandú o avestruz americana (*Rhea americana*) o *mañic* en toba, así como especies de perdices, garzas (*Egretta alba*), las cigüeñas (*Ciconia maguari*), patos y diversos pájaros, entre muchos otros mamíferos y aves (*mayo* y *coyo*). Algunos reptiles representativos de la región son las serpientes yarará (*Bothrops* spp.), coral (*Micrurus corallinus*) y cascabel (*Crotalus durissus*) (*araxanaq* en *qom*), el yacaré (*Caimán latirostris chacoensis* y *Caiman crocodilus yacare*) o *railoc* y la iguana (*Tupinambis teguixin*) o *colliguesaq*. También se hallan presentes numerosas especies de anfibios e invertebrados (ver Canevari y Balboa 2003, Di Giacomo y Krapovickas 2005, Canevari y Vaccaro 2007, Medrano *et al.* 2011).

Tras esta sintética presentación del Gran Chaco en tanto región fito-geográfica, haremos una breve contextualización histórica. La Conquista y pacificación del Chaco fue un proceso que se extendió durante tres siglos. Varios fueron los factores que incidieron en esto. En un principio, los intentos españoles por establecer una vía de acceso a los tesoros que se creía abundaban en el oeste y consolidar una ruta de tránsito, tuvieron que enfrentar la aguerrida oposición de los grupos indígenas de la región (Miller 1979). En 1585, el último adelantado, Juan de Torres de Vera y Aragón, ordenó fundar la primera ciudad del Chaco: Nuestra Señora de la Concepción de la Buena Esperanza, llamada también Concepción del Bermejo (Altamirano *et al.* 1987). Por su ubicación estratégica, el adelantado pretendía establecer a través de Concepción del Bermejo la comunicación entre el noroeste argentino y el actual Paraguay. Sin embargo, a raíz de los reiterados ataques —probablemente tobas— la primera ciudad fue evacuada en 1632 y nunca más volvió a poblarse. A partir de entonces, y durante un vasto período de tiempo, el Chaco permaneció prácticamente abandonado por los españoles.

La incorporación del caballo les permitió a los indígenas del Chaco (especialmente a los tobas)[14] defenderse más eficazmente ante las sucesivas invasiones[15]. De hecho, el siglo XVII se caracterizó por la amenaza constante de los indígenas ecuestres para quienes deseaban ingresar a la región[16]. A raíz de dichas diiculta-

---

14 Cordeu y Siffredi (1971) reconocen tres momentos históricos entre los tobas: el momento cazador que se extiende hasta el siglo XVII, el momento ecuestre que va desde siglo XVII hasta finales del XIX y el momento post-conquista que se extiende desde finales del XIX hasta el presente.

15 Sobre la incorporación del caballo, remitirse a Métraux (1946) y Kersten (1968).

16 Sin embargo, la introducción del caballo trajo numerosos cambios en la sociedad toba y en

des, los españoles relegaron esta tarea a los misioneros franciscanos cuya labor se convirtió en verdadera política de penetración y colonización[17]. En 1750 fue fundada la Reducción San Fernando del Río Negro (en el área de la actual Resistencia). En 1767, la expulsión de la Compañía de Jesús por parte de la corona de España terminó con la obra misionera jesuita continuada, luego, por los franciscanos. Gracias a los textos de los jesuitas (entre ellos, Dobrizhoffer) se conoce que facciones "rebeldes" tobas, mocovíes y pilagás representaron una amenaza constante tanto para las misiones como para las colonias.

Desde entonces y hasta el fin de la dominación española en el Río de la Plata (1810), el Chaco permaneció prácticamente libre de ocupaciones. Ya que las guerras de independencia corrieron el foco de interés, posponiendo el problema de la frontera norte y de la reducción de los indios; en esta época existieron tan sólo algunos intentos aislados de consolidación de las fronteras mediante Reducciones, pequeñas fortificaciones que marcaban la línea de frontera y el envío esporádico de expediciones militares (Gordillo 1992).

En 1862, esta situación cambió: el Chaco se convirtió en Territorio Nacional y comenzó a ser gobernado desde Buenos Aires. El General Julio A. Roca, ministro de Guerra del Presidente Nicolás Avellaneda, consolidó y llevó a la práctica el proyecto de expansión de la frontera sur liberando a los territorios del control indígena y permitiendo su posterior colonización. El área del Chaco fue la última región en ser invadida e incorporada al mapa nacional. La Guerra de la Triple Alianza (1864-1870) otorgó a Argentina el control temporal sobre el Chaco boreal. En 1872 se procedió a crear la Gobernación del Gran Chaco, cuya sede fue la ciudad de Villa Occidental (frente a Asunción). Con el fallo de Hayes (1878), sin embargo, se restituyó a Paraguay el derecho sobre los territorios situados al norte del río Pilcomayo (Altamirano *et al.* 1987). En 1884, el Presidente Roca ordenó la división de la Gobernación en dos territorios federales separados por el río Bermejo: Territorio Nacional de Formosa y Territorio Nacional de Chaco. En ese año se inició la campaña militar conocida como la Conquista del Desierto del General Victorica destinada a pacificar a los tobas y mocovíes[18] atacándolos por diversos frentes. El ejército ocupó primero los territorios al sur del Bermejo y los indígenas que se negaron a firmar la paz buscaron desplazarse hacia el otro lado del Bermejo, al territorio nacional de Formosa en donde continuó la

---

sus relaciones con los otros grupos de la zona. Tal como expresa Miller, la transformación de nómades a pie en jinetes "[...] tuvo como resultado el agotamiento de la caza y el aumento de la movilidad sobre un territorio mayor [...]" (1979: 57). Además, el uso del caballo trajo aparejado "[...] el incremento de los conflictos con los grupos no tobas, incluyendo los *doqshi* (blancos)" (*ibid.*).

17 Del período franciscano datan las misiones de Nueva Pompeya, Laishi y Tacaaglé (ver Altamirano *et al.* 1987).

18 Los *wichi* del extremo Chaco central ya habían sido pacificados entre 1860 y 1870 (ver Iñigo Carrera 1983).

guerra. Según expresan Braunstein y Miller, después del año 1898 se llevaron a cabo expediciones punitivas en el Chaco central que fueron reduciendo las capacidades indígenas de lucha. "Durante estas incursiones, los soldados atacaban los poblados indígenas a lo largo de su camino, quemaban las casas y mataban a quien se atreviera a resistir [...]" (1999: 13, traducción nuestra).

A partir de entonces, la estrategia de colonización del territorio conquistado fue la de reforzar la línea de fortines, las expediciones punitivas y las Misiones religiosas y distribuir la tierra conquistada entre los colonos. Al mismo tiempo, la acción civilizatoria se materializó en el impulso al desarrollo económico de la región. En 1908, se comenzó la construcción del ferrocarril que culminó en 1930 y que atraviesa la provincia de Formosa de este a oeste hasta Embarcación (provincia de Salta). Con respecto al ferrocarril, Braunstein y Rodríguez Mir expresan: "[...] la finalidad económica del emprendimiento se relaciona con los movimientos de mano de obra que ocurrían desde principios de siglo hacia los ingenios azucareros del piedemonte salteño. Esta línea de ferrocarril facilitaba el transporte de los aborígenes chaqueños que se trasladaban masivamente para participar en la zafra de esos establecimientos [...]" (1994: 266). Los pobladores criollos se establecieron entonces a lo largo de las estaciones de tren y alrededor de las unidades militares dando origen así a los actuales pueblos y ciudades de Formosa. Desde finales del siglo XIX y a lo largo del siglo XX, las actividades económicas principales de la región fueron la industria del tanino y la producción del algodón para las cuales la mano de obra estacional indígena fue de suma importancia[19].

En este contexto, en 1911 se llevó a cabo la campaña militar de Rostagno que restableció definitivamente la línea de fortines sobre el Bermejo y permitió que en 1915 concluyera finalmente la misión de las fuerzas militares de ocupación (Altamirano *et al.* 1987). Sin embargo, la pacificación no fue total y en la segunda y tercera década del siglo XX emergieron movimientos indígenas, algunos de los cuales tuvieron características mesiánicas (Cordeu y Siffredi 1971), que reaccionaron a la ocupación acelerada de las tierras y las desfavorables condiciones de trabajo a las que eran sometidos. Simultáneamente, otros grupos se desplazaron hacia las regiones más alejadas del interior. Según Gordillo, en el caso de los tobas, "[...] su ubicación actual es en parte fruto de la presión que significó el avance de las tropas nacionales desde el este de Formosa [...]" (1992: 89). En esos años se produjeron también varios enfrentamientos entre los tobas y los pobladores criollos a raíz del

---

19 Sobre el tema, ver MILLER (1979), IÑIGO CARRERA (1983), TRINCHERO, PICCININI Y GORDILLO (1992), BRAUNSTEIN Y MILLER (1999). Acerca de los obrajes, IÑIGO CARRERA sintetiza: "[...] hasta la primera época de este siglo la principal actividad productiva en el Chaco fue la extracción de maderas. Las tierras apropiadas a fines del siglo anterior fueron dedicadas a esta actividad realizada en los obrajes" (1983: 41). Sobre el tanino, este autor expresa: "[...] el descubrimiento de las cualidades curtientes del tanino, que se extrae del quebracho, impulsó la explotación de los bosques" (*ibid.*: 43).

avance ganadero que generaba no sólo disminución de los territorios disponibles, sino cambios ecológicos que afectaban a los indígenas.

Tras los sucesivos ataques militares, la penetración ganadera, la reducción de los espacios vitales y la explotación en los ingenios y obrajes, hacia 1940 comenzó un período de proliferación de evangelizadores y Misiones (Miller 1979, Wright 1992, Ceriani Cernadas 2014) cuya labor fue central en la sedentarización de los indígenas chaqueños. Ellos impulsaron el desarrollo de la agricultura y la economía familiar y fundaron colonias agrícolas situadas en las márgenes de los territorios colonizados por los criollos y los blancos para la explotación agrícola y algodonera.

Los años 1980 representaron el inicio de reformas legales que tienen a los indígenas como sus destinatarios principales. El punto de partida de esta serie de iniciativas fue el Convenio 169 de la Organización Internacional del Trabajo ratificado, entre otros, por Paraguay, Bolivia y Argentina. Este convenio introdujo cambios en la tenencia de la tierra y confirió a los indígenas diferentes grados de participación en el manejo de los recursos naturales. Dichas modificaciones se relacionan, además, con la propiedad colectiva de la tierra, el derecho a una educación bilingüe y otros derechos ligados a la preservación de la identidad cultural. Estos cambios legales implicaron transformaciones en las interacciones entre pueblos indígenas y Estado, y fueron despertando la idea de la necesidad de reparación y justicia hacia los pueblos indígenas (Braunstein y Miller 1999).

En Argentina, la recuperación de la democracia en el año 1983 marcó el inicio de un nuevo camino en la organización política indígena y su establecimiento definitivo en comunidades. Un ejemplo de las transformaciones de esa década es la sanción en 1984, tras la presión de la lucha indígena, de la primera Ley Integral del Aborigen (Nº 426) por parte del Gobierno democrático de Formosa. Esta ley transformó radicalmente la acción política provincial: se creó un Instituto de Comunidades Aborígenes (I.C.A) como instancia de articulación entre el Estado y las poblaciones indígenas, se implantó un sistema democrático para la elección de delegados, se estableció, entre otras cosas, la resolución jurídica parcial de la propiedad de la tierra[20].

Sin embargo, a pesar de poseer una legislación pionera en materia de reconocimiento indígena, en la actualidad existe en Formosa una situación territorial alarmante. La sucesiva expoliación territorial, la sedentarización forzada y la colonización limitaron el acceso de los indígenas a los lugares de su territorio ancestral. Tan solo el 4% (3.075 kilómetros cuadrados) del territorio de la provincia —que asciende a 72.066 kilómetros cuadrados— corresponde a la tierra reconocida por el Gobierno provincial a las comunidades indígenas por la Ley Integral del Aborigen. En la provincia de Chaco, la ubicación de las comunidades indígenas actuales es también

---

20 Con la creación del I.C.A se dio impulso a la creación de escuelas, centros de salud y radios comunitarias, a la vez que se nombraron delegados y caciques oficiales y se establecieron cargos políticos y administrativos, así como agentes sanitarios y maestros.

el resultado del proceso de sedentarización forzosa impulsado por el Estado nacional desde finales del siglo XIX y comienzos del XX. La ocupación militar del Chaco estuvo acompañada, además, por el avance de la frontera agrícola: la explotación del tanino, la obtención de maderas duras y el cultivo del algodón fueron las actividades económicas centrales de dicha avanzada. En términos generales y tal como sucede en el Chaco paraguayo, los indígenas de Chaco y Formosa también pueden ser considerados como uno de los sectores más pobres de la población chaqueña (Renshaw 2002). Más que un proletariado rural indiferenciado o la clase más baja, ellos son "[...] una población claramente definida que posee un sentido de su identidad étnica tanto como indígenas que como miembros de grupos étnicos y lingüísticos particulares [...]" (*ibid.*: 2, traducción nuestra).

Este derrotero ha provocado que los indígenas de Chaco y Formosa vivan actualmente en lugares que no son más que pequeñas fracciones de sus antiguos territorios, rodeados de campos privados, deforestados o degradados y con un acceso muy reducido a los campos, montes, lagunas, esteros y ríos de lo que antiguamente fue un extenso territorio. Varios de ellos practican la agricultura, trabajan como asalariados y viven en comunidades rurales y urbanas del Chaco y fuera de él. La mayoría de los pueblos chaqueños se fueron reacomodando a las circunstancias históricas que vivieron y, con el correr de los años, se organizaron social y políticamente para hacer respetar sus derechos como pueblos indígenas preexistentes al Estado argentino.

Actualmente, en el Gran Chaco viven más de diecinueve pueblos cuyas lenguas han sido agrupadas en seis familias lingüísticas:

| FAMILIAS LINGÜÍSTICAS | PUEBLOS INDÍGENAS |
| --- | --- |
| Guaycurú | *toba/qom, pilagá, toba-pilagá, mocoví/moqoit* y *caduveo* |
| Mataco-mataguaya | *mataco/wichí, chulupi/nivaklé, chorote* y *maká* |
| Tupi-guaraní | *chiriguano/avá, tapiete, chané, isoseño/guaraní, guaraní occidental* |
| Enlhet-enenlhet | *enxet/lengua, enlhet, angaité, sanapaná, guaná* y *toba-maskoy/enenlhet* |
| Zamuco | *ayoreo* y *chamacoco/ishir* |
| Lule-vilela | *vilela/chunupí* |

## 4. Organización del libro y narradores

Los relatos indígenas que publicamos aquí fueron registrados en su extensa mayoría por Florencia Tola o Valentín Suarez entre 1997 y el 2012. Algunos de ellos fueron narrados en castellano, mientras que otros los grabamos en lengua toba (*qom laqtac*) y luego fueron traducidos al castellano. Esta diferencia se debió principalmente a la preferencia de los narradores por contarnos el relato en castellano o en toba, y no responde a una elección metodológica.

El libro contiene, además, información historiográfica intercalada entre algunos relatos indígenas, acerca de procesos y hechos que complementan aquellos presentes en la memoria oral *qom*. Ahora bien, no todo relato indígena es acompañado de dicha información, sino tan solo aquellos sobre los que los historiadores que colaboraron en este libro consideraron pertinente decir algo desde el punto de vista historiográfico porque precisamente había algo que decir. Para ello, hemos convocado a especialistas en historia regional (Mariana Giordano, Leandro Moglia y Adrián Almirón) que, como contrapunto de la memoria toba, brindan información sobre lo que la historiografía refiere acerca de esos momentos, procesos y acontecimientos.

No fue nuestra intención determinar si existe entre los *qom* "la Historia", sino más bien establecer "equivalencias conceptuales" entre la historiografía y el contexto sociocultural *qom* (Viveiros de Castro citado en Fausto y Hackenberger 2007: 15) para acceder al sentido que posee la historicidad para ellos. El hecho de que los historiadores reconozcan que hay personajes y momentos ausentes en la historiografía pero muy presentes en la memoria de los *qom* resulta significativo para nuestro abordaje ontohistórico que intenta mostrar que más que visiones particulares de un mismo suceso objetivo, en muchas ocasiones lo vivido por los diversos colectivos difiere profundamente. Esta discrepancia, ontológica más que cultural, se ancla en las distintas maneras de componer el mundo (*worlding*), de reconocer los existentes que lo pueblan y las relaciones que mantienen y mantuvieron entre sí.

Parte del material que aquí presentamos ha sido previamente publicado en informes y cuadernillos que circularon tan solo en las comunidades tobas o en libros que se encuentran ya agotados. Es por esta razón que hemos decidido revisar y reeditar el material original registrado por Florencia Tola desde 1999 en adelante y republicar algunos de dichos relatos. Específicamente, las narraciones de Timoteo Francia tituladas "Variaciones. Los *qom* vencen gracias a la pata de una olla (II): *Taigoye* y el Capitán Solari", "Sobre cómo *Patoqoi* escapó con la ayuda de un ser del cielo", "Una huida inteligente. *Taigoye* y la bandera argentina", "Aparecerán gusanos de distintos colores. Visiones de la modernización" y "Atropellos. El Presidente Yrigoyen recibe a *Taigoye*" fueron publicadas, con variaciones de contenido y título, en *Historias Nunca Contadas* (2001). El relato "Las fugitivas" de Pablo Floricel fue publicado parcialmente en el informe *Historias de lugares, acontecimientos y familias* (2010). El relato narrado por Timoteo Francia que hemos titulado "*Raloxo*: el origen de animales, plantas y nombres" fue publicado parcialmente en *Historias Nunca Contadas* (2001) y en *Reflexiones dislocadas. Pensamientos políticos y filosóficos qom* de Timoteo Francia y Florencia Tola (2011). Finalmente, el relato de Ernesto Segundo titulado "La zona nuestra no es de acacito. Lugares antiguos de los antiguos y la llegada de Dios" fue publicado en *Historias de lugares, acontecimientos y familias* (2010), y la reconstrucción de la historia de la zona de Km. 503 realizada por Celeste Medrano y Florencia Tola fue parte del informe *Territorio, memoria y lengua entre los tobas de Formosa* (2012) presentado ante la UNESCO.

El presente libro está organizado en tres partes. Los relatos de la Primera parte (*Sobrevivir. Guerras, poderes y caciques*) giran en torno a sucesos ocurridos durante La Guerra y los años que le siguieron. Allí, se lee sobre las proezas de los antiguos líderes, las técnicas de guerra y de huida, así como sobre los hechos violentos que los blancos perpetraron contra los antiguos *qom*. En la mayoría de estas narraciones, los humanos se vinculan y se ven ayudados por el fuego, los pájaros, un ser del cielo, el zorro y los espíritus de los muertos. En esta parte, los narradores destacan las cualidades que tenían los antiguos jefes de guerra (*oiquiaxai*), los chamanes (*pi'oxonaq*) y los caciques y describen a la perfección el modo en que los indígenas chaqueños concebían el liderazgo y el poder; ambos ligados más a ciertas virtudes y capacidades y al consenso, que a la coerción individual. Como contrapunto, Mariana Giordano ofrece información historiográfica sobre las campañas militares, el avance de los fortines y algunos personajes presentes en las fuentes y reflexiona, asimismo, sobre las ausencias en las fuentes escritas.

La Segunda parte (*Transformaciones. La viruela y el fuego*) da cuenta de ciertos sucesos ocurridos en los años posteriores a la Conquista que remiten, fundamentalmente, a una enfermedad que causó la muerte de muchos indígenas. Los recuerdos sobre *raloxo* (traducida por algunos como "viruela" o "viruela negra") son muy comunes en todo el Chaco, y gran parte de los tobas concuerda en que dicha "peste" apareció por primera vez en el oeste, en los ingenios azucareros del piedemonte andino a donde los tobas iban cada año a trabajar. Los ancianos narran los estragos que causó *raloxo* y los modos en que los blancos los contagiaban, así como las estrategias que idearon para dejar atrás la enfermedad o curar a los enfermos. Resulta significativo que las narraciones que hablan de *raloxo* entrelazan acontecimientos que suelen ser rotulados como mitológicos (el surgimiento de los animales, las plantas y los nombres, la llegada de un Gran Fuego) que se ubican en diferentes regímenes de temporalidad. Aquí queda claro que la oposición mito/historia no permite asir la particularidad del arte verbal *qom* ni tampoco la creatividad de las modalidades *qom* de hilar sucesos transtemporales.

La Tercera parte (*Entreverados. Conflictos por la tierra, lucha por la vida*) se adentra en la espinosa cuestión del territorio, en el proceso de sedentarización y en los conflictos por la tierra ocurridos en las últimas décadas en la zona central de Formosa. Algunos relatos ahondan en el territorio nombrado de las razas y dan cuenta de la rica toponimia que caracteriza a los pueblos chaqueños, su amplio conocimiento sobre el monte, los lugares y los recursos. Esta parte muestra que los actuales perímetros de comunidades como Km. 503, Riacho de Oro, San Carlos y Santo Domingo no son más que fragmentos dispersos de lo que antiguamente era su *lma'* (lit. 'su casa', 'su lugar') caracterizado por la continuidad entre lugares. Dicha continuidad era efectivizada día a día gracias a antiguos recorridos (varios de ellos nombrados) que incluían diversos sitios a lo largo del ciclo anual. Aquí también encontramos relatos sobre la sedentarización en comunidades permanentes y agrícolas y sobre la vida en las Reducciones, atravesados todos ellos por la diferencia que sus narradores marcan entre los *qom* que decidieron permanecer "libres" y aquellos que ingresaron en las Reducciones. Dichos testimonios refieren igualmente a la llegada del Evangelismo (*Evangelio*) en los años posteriores a la sedentarización y nos hablan sobre cómo éste salvó la vida de algunos antiguos *qom* que eran permanentemente hostigados para ser privados de sus tierras. Finalmente, esta parte recoge relatos sobre los despojos y las consecuencias de la privatización de las tierras durante los últimos treinta años. Incluimos una reflexión de la antropóloga Ana Vivaldi sobre el hecho de violencia ocurrido años atrás contra el barrio toba *Namqom*.

Imagen 6. Comunidades del centro de Formosa mencionadas en el libro.
Confección: Celeste Medrano

Entre los relatores de las historias se destaca Timoteo Francia, un hombre que nació en la antigua Misión franciscana de San Antonio de *Laishi*, ubicada en el este de la provincia de Formosa y que vivió en Pampa del Indio (Provincia de Chaco) y en el barrio periurbano de la capital formoseña (*Namqom*). Sus padres, abuelos y los ancianos y ancianas de la zona donde vivió le transmitieron las historias que aquí se leerán y entre los años 1997 y 2002, él me las relató.

Otro conjunto de historias está constituido por relatos narrados por Valentín Suarez o registrados por él en entrevistas con otros *qom* y *qomlashe* (hombres y mujeres) del centro de Chaco y Formosa, entre los años 2010 y 2012. Me refiero a las historias de Juan Rivero, Eduardo Mansilla, Asunción Ceferino y Carlos Torrent. La mayoría de ellas fueron grabadas en el idioma toba y luego transcriptas y traducidas en Buenos Aires por ambos. Decidimos publicar algunas de ellas en los dos idiomas, mientras que de otras ofrecemos las traducciones literales realizadas por Valentín o por los dos.

Finalmente, un último grupo fue grabado por Florencia Tola entre los años 1999 y 2011 en encuentros durante sus trabajos de campo etnográfico, con Federico Gómez (Colonia San Carlos, *Namqom*), Félix Suarez (Riacho de Oro), Pablo Floricel (Colonia San Carlos), Laureano Méndez (Riacho de Oro) y Ernesto Segundo (Riacho de Oro). Gran parte de ellos fueron registrados en castellano, aunque hay algunos en toba. En dichos casos, realizamos las traducciones con la colaboración de Mauricio Maidana (J.J. Castelli) y Valentín Suarez.

Otras narraciones (sobre todo aquellas que pertenecen a personas de las comunidades Km. 503 y Riacho de Oro) fueron registradas en 2011 junto con la etnozoóloga Celeste Medrano. Incorporamos también un diálogo de Valentín Suarez con ella ocurrido en Riacho de Oro en 2011 acerca del líder *Meguesoxochi* y la síntesis de un informe realizado por Florencia Tola y Celeste Medrano tras el proyecto UNESCO 2011 antes referido, que fue presentado ante el I.C.A. por los líderes de Km. 503 como parte de un reclamo con miras a recuperar dos lugares de su antiguo territorio (*Pia'arai* y *Shemalon*).

Acompañamos los relatos con material gráfico inédito realizado por Valentín Suarez con quien trabajamos conjuntamente desde hace algunos años. Valentín comenzó a dibujar en 2011 algunos momentos de la historia que sus antepasados le narraron y a partir de entonces nuestro trabajo compartido alterna entre la grabación de historias, la representación en dibujos, la confección de mapas y el registro de la red parental de la región centro-sur chaqueña. En este libro en particular, además de realizar los dibujos y de efectuar parte del registro y de la traducción de algunos relatos, Valentín participó activamente en la elección de los temas sobre los que decidimos preguntar, en la selección de las narraciones que editamos y en el debate de algunas ideas centrales que atraviesan la obra, entre las que destacamos el activo papel que desempeñaron los seres no-humanos en la historicidad de los *qom*. Las nociones centrales de la ontología toba así como aquellas que constituyen las cosmopolíticas chaqueñas fueron y son permanentemente debatidas con él. Su rol de líder político, maestro e intelectual indígena, así como sus conocimientos sobre la vida en el monte y el pasado de los *qom* determinan, sin duda, el carácter del conocimiento construido en colaboración que plasmamos en este libro.

Imagen 7. *Le théâtre des cruautés des hérétiques de notre temps / El teatro de las crueldades de los herejes de nuestro tiempo* (p. 47).

Resta, para finalizar, decir algunas palabras sobre el título del libro. Éste se inspira en la obra *Le Théâtre des cruautés des hérétiques de notre temps* de Richard Verstegan (1587[1995]). *Le Théâtre des cruautés...* es un catálogo de atrocidades, suplicios y torturas que los protestantes llevaron a cabo contra los católicos y que un católico inglés (cuyo nombre era Richard Rowlands) se dedicó a denunciar por toda Europa en los años de las guerras de religión. El libro fue publicado en Anvers, primero, en latín y al año siguiente (1587) fue traducido al francés y reeditado numerosas veces. En su momento funcionó no solo como propaganda católica, sino también como denuncia de los crímenes protestantes y descrédito del adversario. En el libro se exponen veintinueve grabados que describen escenas de suplicios ocurridos en lugares y momentos diversos pero que, al ser agrupadas, aspiraron a producir en el lector "la máximo conmoción emocional" (1995[1587]: 9, traducción nuestra, prefacio de Lestringant). Hemos tomado parte del título de este libro y decidimos publicar algunos de estos grabados por la llamativa semejanza entre las crueldades que éstos describen y aquellas que el ejército argentino infligió a los indígenas durante los años de la Conquista.

Tal como se lee en el prefacio de *Le Théâtre des cruautés*, las imágenes que posteriormente fueron reunidas en el libro inspiraron a Fray Bartolomé de las Casas para realizar su *Brevísima relación de la destrucción de las Indias Occidentales* de 1552. *Le Théâtre des cruautés* de Verstegan no fue una publicación aislada en su época, sino que fue parte de un conjunto de libros concebidos como denuncia de las crueldades que se llevaban a cabo contra católicos, herejes e indígenas en nombre de las religiones y de los intereses coloniales. Los escritos de Fray Bartolomé de las Casas fueron reeditados en diversos idiomas. La primera versión en latín fue publicada por Theodore de Bry en Frankfurt en 1598 en la que incluye ilustraciones y grabados que describen la llegada a América de los españoles. Su libro *Grands et Petits Voyages* ilustra los descubrimientos europeos en ultramar a partir de relatos de viajes y, entre ellos, varios volúmenes son dedicados a *America*; nombre de esta parte de la colección (Burucúa y Kwiatkowski s/f). También incluimos aquí algunos de dichos grabados, puesto que describen las crueldades de los españoles hacia los indígenas. Tanto las torturas europeas de las guerras de religión como las de los recién llegados a América resuenan tristemente en aquellas que, varios siglos después, los militares argentinos perpetraron contra los indígenas durante la Conquista del Chaco.

Imagen 8. *El teatro de las crueldades de los herejes de nuestro tiempo* (p. 25).

# Negados en nuestra existencia

Valentín Suarez

Treinta pueblos originarios preexistentes a la República —los originarios, los que siempre han estado aquí—, a quienes les robaron sus tierras, los descuartizados, los olvidados, humillados, vilipendiados, los que trabajaron en los más duros y despreciados trabajos, en las minas, en los obrajes, en las cosechas y cañaverales, los que derramaron su sangre en la emancipación americana como sangre de cañón, los que estuvieron en todos los avatares del devenir de la República, los ausentados y negados, los que no deberían existir… portando mandatos de nuestros antepasados, con derechos inalienables, con nuestras lenguas, con nuestros seres y miradas sobre el mundo…

Ya pasaron 200 años de la Revolución de Mayo, acontecimiento trascendental desde el fondo de la historia. Pertenecemos al pueblo argentino, a la faz de la tierra. Humildemente nos preguntamos y decimos: ¿qué hicieron con nosotros, con la vida de los pueblos indígenas? ¿Qué hicieron con nuestra tierra? ¿Qué hicieron con nuestros territorios? ¿Qué hicieron con nuestros recursos naturales? ¿Qué hicieron con nuestras culturas y valores? ¿Qué hicieron con los mandatos de los libertadores de la emancipación americana, como Tupac Amaru, Castelli, Moreno, Monteagudo, Belgrano, San Martín y tantos otros que lucharon con el yugo de la emancipación por la noble igualdad, la unidad continental y por una Gran Patria para todos? Nuestra Gran Patria con la que soñaron nuestros antepasados, por la que dejaron su sangre a lo largo del continente.

¿Dónde está la patria que asegura nuestro patrimonio para nosotros que no la vemos? ¿Será aquella que a lo largo de nuestro país y en cada una de las provincias nos impone sobrevivir en las más miserables condiciones de olvido y marginación? Sin escuelas, sin salud, sin vivienda, sin tierras, sin desarrollo, negados en nuestra existencia, en nuestra cultura, en nuestros derechos y en nuestra dignidad. Sufriendo desprecios de todo tipo, viendo y padeciendo la destrucción del medio ambiente por parte de las mineras, los desmontes indiscriminados, produciendo el desalojo de nuestras comunidades por los amos del egoísmo en complicidad de los políticos corruptos, andando, en fin, como parias en nuestra tierra. ¿Será esta Patria la que debemos celebrar?

¿Dónde están los juramentos de los convencionales de todas las fuerzas políticas que en la reforma constitucional de 1994 decidieron enterrar para siempre aquel ejército perseguidor de indígenas en los arenales de la madre tierra, en la que reconocieron la preexistencia étnica y cultural de los pueblos indígenas y sus fundamentales derechos por total unanimidad y que, con aclamación, aprobaron el artículo 75 inciso 17 de la Constitución Nacional que hace dieciséis años no se cumplen?

¿Dónde están los lloros desgarradores de los convencionales de aquella jornada histórica que, abrazados con los aborígenes, juraron su cumplimiento? ¿Será que acaso fueron lágrimas de cocodrilo?

# Soberbia

Asociación Civil Lucio Rodríguez

Con la palma de la mano en el corazón, decimos: desde las condiciones de existencia en las que nos ha relegado la omnipotencia, la soberbia, la discriminación y el egoísmo queremos llamar la atención de nuestra República y del corazón de nuestros hermanos conciudadanos, echando un poco más de luz a nuestra realidad. Instamos a quienes detentan el poder de decisión a que se emprenda cuanto antes el venturoso camino de nuestra justa reparación histórica. Esto es, ejercer lo consagrado por la Constitución de la Nación Argentina.

Al recorrer con sus ojos más allá del horizonte, ustedes podrán ver cuán largo y espinoso es el sufrimiento de estos pueblos indígenas, de su forzoso aislamiento y exclusión de todo desarrollo humano, del desprecio de sus valores culturales y de sus territorios, así como del sistemático avasallamiento de su condición humana. Podrán ver también que las dolorosas condiciones no son de hoy sino que se pierden en los lejanos tiempos. Sinceramente, podrán ver que estos males han sido provocados por el egoísmo, la avaricia y la omnipotencia de unos pocos que encarnaron las fuerzas del mal en detrimento de los originarios hijos de este suelo y de los verdaderos valores humanos. Podrán ver que aún muy poco se hizo en cuanto a lo ordenado en aquel maravilloso día de la Convención Constituyente de 1994 en el que a través de los convencionales de todas las fuerzas políticas, por total unanimidad y aclamación, en un marco conmovedor de lágrimas y aplausos entre indígenas y convencionales se sepultó para siempre aquella costumbre de maltratar a los indígenas, al advertir tan larga y nefasta injusticia.

Los pueblos indígenas vienen de siglos de sometimiento, de forzoso aislamiento, de exclusión y marginación de todo proceso cierto que no los incluye en los programas oficiales. Ninguna voluntad puede ser cercenada, ninguna voz silenciada, menos aún la de un indígena por buscar mejores días para sus hermanos, dejando jirones de su vida, ausentándoles cariño y pan a su familia, impulsándolos a que apresuren el paso hacia la libertad, a través de organizaciones representativas que los propios indígenas se dieran mucho antes de que este reclamo se inicie, como instrumento de lucha. Se nos impusieron en todos los tiempos por encima de nuestra visión, nuestros enfrentamientos, nuestras instituciones y por sobre las fuerzas de nuestros sagrados principios y de nuestros hombres e historia.

Imagen 9. *Antiguos pobladores de Namqom.*
Foto: Cortesía de *qom* de *Namqom.*

PRIMERA PARTE

**Sobrevivir.
Guerras, poderes y caciques**

*Some Indians are killed, some perish in a fire*
'Algunos indios son asesinados, otros perecen
en el fuego'. Theodor de Bry (1528-1598)

# La memoria: entre el registro y la oralidad

Mariana Giordano

Los relatos indígenas no han formado parte de la historiografía sobre el Chaco. En tal sentido, los textos que he escrito en este libro y que se leen luego de los relatos indígenas tienen dos objetivos centrales. En primer lugar, poner en diálogo algunas de las referencias a personajes y hechos históricos presentes en los relatos e historias de los "sin voz" con la "historia oficial" sobre estos mismos episodios. En ocasiones, opté por referirme al contexto en el que el relato se ubica, aun cuando hay algunos de ellos en los que un mismo personaje participa de hechos cuyas temporalidades se hallan muy lejanas entre sí.

Es importante señalar que hay una historiografía que también se basa en relatos orales. Sin embargo, se trata de relatos de soldados, militares o descendientes de ellos. En este sentido, podría decirse que la documentación histórica se ha fundido en interpretaciones de testimonios orales que han transformado la memoria en registro, de igual modo que ocurrió con los relatos indígenas. Si bien las voces antiguas son las bases de los relatos indígenas que se leen en este libro —aunque no solo—, ellas son también elementos presentes en los escritos de militares, religiosos y criollos, e introducen subjetividades en el texto histórico.

Atendiendo a la problemática más amplia que subyace a la primera parte de este libro y que refiere al tema del poder indígena, al rol de los caciques en las relaciones entre grupos y al poder del Estado argentino, los conflictos y las guerras, en segundo lugar presentamos una lectura crítica de la historiografía que abordó esta problemática.

Imagen 10. Intercambios entre tobas y paraguayos.
Ilustrador: Valentín Suarez

# I.1. TAIGOYE, PATOQOI Y MEGUESOXOCHE

## Los *qom* vencen gracias a la pata de una olla (I)

Federico Gómez

En una guerra que hubo acá, en Argentina, los paraguayos ayudaron mucho a los tobas. Pero en otro momento, no sé cómo fue que los paraguayos se les vinieron en contra. Eso es lo que mis abuelos me contaron. Vinieron para pelear contra los aborígenes. Había un hombre que disparó a un barco y que tenía puntería para tirar. En esta tierra todos ya tenían armas porque las habían conseguido antes. Además, los paraguayos venían y cambiaban armas por plumas de animales.

Después, no sé cómo se les vino a la cabeza hacer guerra contra los aborígenes, pero los aborígenes ya estaban armados. Había mucha gente, había *oiquiaxai* y ellos ya sabían lo que estaban queriendo los que estaban viniendo. Ellos entonces ya formaron los grupos que tenían que enfrentar a los paraguayos. Los *oiquiaxai* no podían asustarse porque tenían una coraza especial porque comían el corazón del tigre y tomaban su sangre. Entonces, ellos [con eso] ya eran poderosos. Nadie ni nada los asustaba.

Un *oiquiaxai* se fue al agua e hizo una bala de *taxaqui lche'* [lit. 'la pata de la olla'] y se la tiró al barco y se quebró el motor del barco y a la tumba se fueron todos. Toditos murieron, los paraguayos. A los pocos tiempos esa guerra terminó. Parece que los paraguayos no se animaron a seguir porque eran muy poderosos los *qom*. Eran muy poderosos y no murieron. En La Guerra [la Conquista chaqueña], en cambio, sí murió gente porque tenían su arma pero no era arma de escopeta, *winchester* o revólver, sino que ellos usaban *checna* [flecha].

## Especialistas en tiempos de guerra.
### *Los oiquiaxai*
Florencia Tola

Los *oiquiaxai* son referidos en numerosos relatos como especialistas que, en tiempos de guerra, podían descrifrar los mensajes de los pájaros y de otros animales acerca de la presencia de los invasores blancos. Gracias a sus capacidades de comunicación con los animales, ellos incidieron en el destino de muchas familias tobas que, durante la Conquista, debían permanentemente desplazarse durante su huida.

Estos líderes específicos recibían sus poderes por "revelación". Era, por lo general, en sueños que un ser no-humano les entregaba poder que les permitía comunicarse con los animales y predecir el futuro. Al igual que el chamán (*pi'oxonaq*) y que ciertos cazadores valientes, el *oiquiaxai* (a veces definido como "el más grande de los chamanes") adquiría valentía y coraje a través de la ingesta de la sangre y el corazón del tigre (*quiyoc*) cazado por él. Por este acto se aspiraba lograr el contagio (*nauoga*) de las características de comportamiento de este animal ampliamente temido y respetado.

Otro atributo de los *oiquiaxai* era que las balas de las armas no podían herirlo, ni siquiera alcanzarlo. Se dice que muchos líderes *qom* de los primeros años de la Conquista lograron sobrevivir gracias a estos poderes. Timoteo Francia se pregunta sobre el origen de los poderes de estos líderes antiguos y responde: "Es a través de la aflicción, de la preocupación por su pueblo y, por consiguiente, por el atropello a su comunidad. Esta situación de constricción le hace traer a la presencia a un espíritu invisible y poderoso para hacer un pacto. Luego de este convenio, viene la instrucción para el líder quien administra su poder sobre su pueblo. Lo convierte en un hombre fuerte, hábil, sabio y competente en el lugar que actúe y de acuerdo a las circunstancias. Cuando muere, su cuerpo físico se desintegra y desaparece, mas sus compañeros quedan vagando en los territorios que recorría cuando estaba en vida palpable".

## *Oiquiaxai* consulta con los pájaros
Valentín Suarez

El *oiquiaxai* consulta con los pájaros, con la naturaleza, con el viento y le avisa a la tribu. Es el que defendía, sabía cuando venía el enemigo y la enfermedad. No era *pi'oxonaq*, era *oiquiaxai*. *Taigoye*, por ejemplo, era uno. Tal vez tenían su *nattac* [compañero no-humano] pero era el más líder de la tribu. Después, aparece el cacique que no tiene poder natural sino el apoyo de la gente.

El *oiquiaxai* observaba la naturaleza: cómo salía el sol, el viento, si sería un año de abundancia o de sequía. Ven el cielo o escuchan a pájaros como *huoqauo'* que anuncia viento fuerte. Si canta temprano y vuela, *huole'* también anuncia. Porque el *oiquiaxai* desde temprano escucha, ese día será calmo, sin viento y ya sabe qué ir a buscar [al monte]. Ese día es lindo para ir de pesca, porque el pescado se ve clarito.

Imagen 11. *El oiquiaxai consulta con la naturaleza.*
Ilustrador: Valentín Suarez

# Variaciones. Los *qom* vencen gracias a la pata de una olla (II): *Taigoye* y el Capitán Solari

Timoteo Francia

Entre el ejército paraguayo había un líder que era *oiquiaxai*. Desde el otro lado [del río] empezaban a tirar proyectiles con armas de fuego y los soldados ya estaban agonizando. Todos, todos los soldados argentinos y los que están destinados a vigilar la frontera y a proteger esa zona [del río Pilcomayo] estaban agonizando.

El Capitán Solari sabía que había un aborigen que era superior a él y lo llamó. *Taigoye* fue uno de los caciques más poderosos. Él, con toda su caballería, con todos sus soldados, con sus indiecitos salió a defender [al país]. El mismo *Taigoye* agarró la olla de *paila* [olla de hierro de tres patas]. Agarró un cuchillo y sacó una patita de esa olla. La fabricó para que sea un cartucho y se pudiera usar. Los *oiquiaxai* mueren con eso. La bala común que sale de la fábrica militar no sirve. En cambio, como el fuego es sagrado, esa patita que siempre está ahí, bien quemada, es sagrada e intocable.

Entonces usaban eso para matar al *oiquiaxai* [paraguayo] y él no aguantaba, no podía resistir ni tampoco tenía poder para desviarla. No podía; donde le da, muere. Entonces *Taigoye* pensó y sacó una patita de esa olla. Desde el otro lado del río, él se ubicó en un tronco. Se arrodilló, rezó. Solamente él sabe su rezo, nadie hasta el día de hoy lo sabe. De ahí apuntó al otro lado, él sabía que el que está del otro lado tenía poder, él lo sabía. Los paraguayos ya casi estaban a mitad del río Paraguay, se estaban acercando a la otra orilla, acá dónde están Las Palmas. Aparecieron los aborígenes. Aparecieron y cuando murió el que está de otro lado, los soldados del *oiquiaxai* gritaron: "¡murió nuestro jefe!". Cuando murió el jefe, todos se alejaron. Murió con la patita de la olla.

Imagen 12. *Taigoye*, el Capitán Solari y la patita de la olla.
Ilustrador: Valentín Suarez

*Taigoye* fue avisado con qué arma tenía que matar: "Si te encuentras con otro igual que vos, éste tenés que usar, a tiempo. De lo contrario, si vos tenés dudas, no va a servir". A veces, la duda nos hace perder tiempo. Fue instruido de esta manera. Lo que nos enseñan no tenemos que perder u olvidar.

*Taigoye* se abrazó con el Capitán Solari. Abrazó, abrazó, abrazó. Recorrieron y se fueron juntos, con tres guardianes, tres guardaespaldas.

## Breve nota genealógica de Taigoye
### Timoteo Francia

*Daÿoxochi* en la vida de sus días transcurridos alcanzó más de cien años . Cuando terminó su vida continuó su hijo *Huole'* (Águila negra). Después vino Ñishoxoye. Entre los más nobles héroes indígenas tobas están Ñamaq'chi y Ñishoxoye. Los más recientes del siglo pasado son *Meguesoxochi*, *Taigoye*, *Choxoi*, *Neto'qui* (Carlos Rodríguez), Juan Burgos (Colonia Aborigen Chaco), Camacho Pellegrini (El Espinillo, su papá es uno de los caciques más antiguos), *Rallaqte*, *Pano'oye* (El Espinillo), Rodrigo Sixto *Sheroxochi*, padre de Ernesto Segundo que vivía en Riacho de Oro.

Estos personajes de la historia indígena, en el camino de los tiempos, fueron conducidos por un dogma que circunscribe a la cosmovisión propia del indígena desde la historia y otros elementos como la espiritualidad. *Taigoye* es la historia reciente y era pariente cercano de *Ñishoxoye*. Este cacique se casó con una joven de Sombrero Negro y luchó contra los invasores.

# La autoridad del *oiquiaxai*.
## *Taigoye* y su guía *Patoqoi*

Timoteo Francia

*Patoqoi* es uno de nuestros grandes jefes, pero nunca se escribe su historia, quizás nadie lo recuerda… Como *Potoqoi* tenía buena memoria para recordar geográficamente la zona, él marcaba su territorio, él sabía y era uno de los guías de *Taigoye*. Él conocía perfectamente el territorio. De vez en cuando combatía con *Taigoye*. Hay guerras en las que él intervino y otras guerras en las que no intervino. Cuando tenía un pequeño inconveniente con el jefe o con los demás integrantes de la tribu se retiraba a otra parte, al monte a donde esté solito. Se recuperaba espiritualmente. Mejor se vive en el campo, no escuchás ni un ruido, te sentís más libre en el campo que en la ciudad. Eso le pasaba a *Potoqoi*.

*Potoqoi* tenía un Santo que lo protegió. En un sueño le aparecieron. Tenía que ir a un lugar; en sueños le indicaron bien el lugar. Se fue a ese lugar y miró para arriba y en el tronco de un árbol encontró un crucifijo, no es de metal, no se sabe de qué es. Cuando se bañaba le decían que tenía que sacárselo para que lo caliente el sol y que lo tenía que atar a su pie para que el poder no se le pierda.

Él era uno de los *oiquiaxai*. No era exactamente el cacique, no era al que mira toda la tribu. Pero a veces sobrepasaba la autoridad del cacique porque tenía poder. Pero él no reunía las condiciones para ser cacique, porque no brindaba consejos a las comunidades o a los individuos de la tribu. Ni siquiera brindaba apoyo a la familia para dar consejos familiares. *Potoqoi* no estaba en condiciones de hacer eso. Fue colaborador del cacique, pero sí le daban poder para que —frente a cualquier inconveniente— él ayude. *Potoqoi* conocía los límites del territorio a trote, llevaba cantimplora de cuero de guazuncho. Vigilaba.

Imagen 13. *Aviaq le'c* (ser del monte) y árboles se comunican con *oiquixai*.
Ilustrador: Valentín Suarez

Los *oiquiaxai* surgen por una revelación y de ahí nacen con ese poder gauchesco. Además, eran intocables; a cierta distancia, hacían desviar los proyectiles de las armas de fuego; nunca eran vencidos; tenían poder. Se comunicaban con los pájaros, los árboles, los animales y conocían las señas.

Si a la madrugada llegaba un ejército o un pelotón para invadir una aldea o una choza, el *oiquiaxai* ya lo sabía. A la medianoche, le venía un sueño o a través de un pajarito se enteraba. Son señas que recibía, ellos le venían a avisar, estos instrumentos le avisaban. Cuando él captaba el mensaje, a la madrugada llegaba a la aldea y decía: "En nuestro lugar va a haber una desgracia, va a venir de tal parte un ejército". Así decía: "Alístense, tenemos que prepararnos, nos vamos a marchar a otro lado". Sabía refugiar a su gente. Él era el que vela, el que protege a toda la comunidad, a todos sus hermanos [...].

A *Patoqoi* le revelaron secretos del monte, no era *pi'oxonaq* [chamán] pero sabía de yuyos [remedios de plantas]. No curaba porque era un guerrero, hay días en que se exaltaba mucho, no se contenía cuando se encontraba nervioso, no era continente. Pero sí le revelaron algo hace un tiempo, pero nadie lo entendió. Esperaban a otro, esperaban a otra persona. Él fue revelado cuándo iba a aparecer un *oiquiaxai* pero no sabía quién era. Alguien cercano al cacique, pero nadie pensaba en *Potoqoi* por su actitud, por su comportamiento moral. Quizás los seres lo eligieron a él porque a veces aunque tenía malas intenciones le salían buenas intenciones. Ésta es la historia de *Potoqoi*.

# Sobre cómo *Patoqoi* escapó con la ayuda de un ser del cielo

Timoteo Francia

Mi abuelo —José Francia— falleció en 1984. Mi bisabuelo se llamaba *Potoqoi*. Era un cacique. Era más que cacique, era un protector de las tribus. *Potoqoi* de vez en cuando se revelaba contra el cacique. No quería saber nada con el ruido de los ejércitos, de los militares que andaban rondando por ahí porque él también tenía sus contactos con las aves y los árboles. Cuando iba al monte, tocaba al árbol, acercaba el oído y empezaba a hablar con el árbol: "¿Quién pasó por acá, a qué hora, para dónde, con qué intención?". El árbol le respondía. Era admirable su poder. Hasta el pájaro silbador —tipo el cuervo, chiquitito, gris, el *villen* [Tagará común, *Euphonia chlorotica*]— anuncia cosas. Aparece en tu casa cuando hay una visita, igual que el picaflor. El *villén* es uno de los más clásicos mensajeros de los *oiquiaxai*. Ellos vienen y traen noticias.

*Potoqoi* siempre fue apresado por el ejército. Él era invencible. Dicen que una noche lo agarraron en El Colorado. La tribu se fue casi al sur del Chaco, al otro lado del monte impenetrable. Este señor estaba en el Cuartel 213. Los soldados cavaron un pozo y lo enterraron hasta el cuello. La cabeza sola afuera de la tierra, nada más. No había nada en el patio.

Pero como él hablaba con *Qasoxonaxa* [...] cuando llovía, cuando había truenos. Todo eso con él tenía conexiones. *Qasoxonaxa* es un espíritu poderoso, los *pi'oxonaq* [chamanes] que están en contacto con *qasoxonaxa* tienen el poder de decirle: "Hay que partir tal árbol" y se te va a caer un rayo y te va a partir todo. En el Chaco pasa mucho así. Los doctores dicen: "Esto es un accidente" y, sin embargo, no es así. El *pi'oxonaq* se comunicaba con el ser del trueno y del rayo.

Imagen 14. *El teatro de las crueldades de los herejes de nuestro tiempo* (p. 97).

Entraba el sol y estaba limpio el cielo, no había ni una nube. En el horizonte no se veía nada. Al día siguiente, alrededor de las diez de la mañana, aquella cabeza que se veía en la tierra iba a servir de tiro al blanco. Él se preocupó. Alrededor de las diez de la noche empezó a rezar, a rezar porque tenía libre la boca. Empezó a rezar y a llamar a todos sus mensajeros, a *Qasoxonaxa* llamó.

Imagen 15. *El teatro de las crueldades de los herejes de nuestro tiempo* (p. 119).

Se levantó un temporal con torbellino. Esa noche empezaba a llover; una intensa lluvia, con torbellino. Los soldados no podían ver nada, dónde estaba él no se podía ver. No sé quién apareció ahí, quién vino a ayudar, después de dos horas de lluvia. El patio estaba cubierto de agua, nadie pensó cómo estaba el hombre. Al día siguiente, ya era de día, el sol ya estaba arriba, uno de los soldados se dio cuenta de que el prisionero no estaba y no se dieron cuenta de que estaba del otro lado del río Bermejo. Se escapó y nunca más se encontró. Ésa era una habilidad del *oiquiaxai*. El *oiquiaxai* tiene esa habilidad, tiene ese don de que por más de que le quieran matar no pueden, no es dañado por ningún arma. Se escapó.

Imagen 16. *Qasoxonaxa* y *Patoqoi*.
Ilustrador: Valentín Suarez

## Personas, demasiadas personas

Florencia Tola

*Qasoxonaxa* es el término con el cual se designa a la dueña no-humana del rayo, de truenos, la lluvia y los relámpagos. Ella es habitualmente descripta como un elefante que con el movimiento de su cabeza produce los truenos y relámpagos y que, al caminar hace caer la lluvia. *Qasoxonaxa* se usa también para referirse a las montañas del Oeste, es decir, a los Andes.

Al igual que a otros seres no-humanos, a *Qasoxonaxa* se le suelen atribuir sentimientos como el odio, la rabia y el deseo de matar a quien abusa de la extracción de los pescados y plantas. Asimismo, *Qasoxonaxa* puede ser una compañera del chamán, un *nattac*, y actuar en función de sus solicitudes. Es por ello que la caída de un rayo o de la lluvia no son necesariamente concebidos como fenómenos meteorológicos, sino que suelen estar asociados a la intencionalidad humana, específicamente, de los chamanes.

Imagen 17. *Qasoxonaxa.*
Ilustrador: Valentín Suarez

Esta entidad, como tantas otras, recibe en los diversos relatos que hemos registrado en toba el apelativo *shiỹaxaua*, término que traducimos como persona (ver Tola 2012). Tanto las personas humanas (sean éstas *qom* o blancos) como los muertos, los dueños de los animales, los compañeros no-humanos de los chamanes, los personajes de los relatos míticos, los habitantes de la noche y del monte son, desde la perspectiva toba, *shiỹaxaua*. Es decir, ellos poseen un punto de vista sobre el mundo, atributos de vida social, agencia y aptitudes corporales que permiten la cognición y la emoción.

*Shiỹaxaua* no se usa entonces para designar exclusivamente a las personas humanas, sino que su referente incluye a una serie diversa de entidades a las que comúnmente los no-indígenas llamamos "espíritus", "divinidades" o "monstruos", pero que, para los *qom*, constituyen un tipo particular de personas. Esta particularidad resulta un aspecto central de la ontología toba: los humanos no somos las únicas personas del cosmos, diversos existentes están dotados de las mismas capacidades y características atribuidas a los seres humanos.

Ahora bien, muchas veces cuando un hablante toba desea aclarar que se está refiriendo a una entidad que, a pasar de ser persona, difiere de la persona humana suele agregar a la palabra *shiỹaxaua* algún adjetivo o adverbio que indica que la persona en cuestión es diferente. *Shiỹaxaua lỹa* se usa, por ejemplo, para marcar una diferencia con las *shiỹaxaua* humanas. *Lỹa* se traduce generalmente como 'otro/a' y se utiliza en diversos contextos de habla. Pero cuando está acompañando a *shiỹaxaua* y cuando el tema de la conversación tiene relación con los no-humanos, "persona otra" sería la forma de referirse a la condición no-humana de la persona de la que se habla. En cambio, *ỹoqta shiỹaxaua* —cuya traducción podría ser "verdadera/ciertamente/realmente persona"— se usa cuando, al relatar sobre los no-humanos, el interlocutor utiliza un enfático para referir que no está hablando de fantasías sino claramente de personas tan concretas como las humanas.

Entonces, *shiỹaxaua* no es el modo en que los tobas se llaman a sí mismos (no funciona, de hecho, como un etnónimo), sino que es una categoría que abarca tanto a *qom* y a humanos, como a *roqshe* y a no-humanos. Esta categoría no remite tampoco a la condición étnica (como es el caso de *qom*) sino que abarca a entidades de lo más diversas de quienes, en determinados contextos comunicativos, se enfatizan sus cualidades agentivas en tanto personas y su condición social.

Ahora bien, si todos los *qom* son *shiỹaxaua* (aunque no es posible afirmar la fórmula inversa) porque poseen un *nqui'i* o la aptitud corporal que les permite la agencia, pensar, sentir y comunicarse, no todos los seres que poseen un *nqui'i* son *shiỹaxaua*. Es decir, por más de que ciertos animales posean un *nqui'i*, no todos ellos ni en todo momento son considerados y tratados como personas, ni en todo momento. En cambio, *Qasoxonaxa* y los dueños no-humanos de los animales, además de poseer un *nqui'i*, llevan adelante una vida social, mantienen relaciones de parentesco, habitan en poblados, cazan y pescan y poseen un cuerpo con capacidades metamórficas, siendo todos estos los atributos que en conjunto definen la condición de persona.

# Una huida inteligente. *Taigoye* y la bandera argentina

Timoteo Francia

A *Taigoye* lo llevaron hasta donde está el jefe más grande [del ejército], el que vigilaba toda esta zona, donde está el Fortín de Resistencia. El Capitán Solari lo invitó, lo llevó a *Taigoye*. Llegó *Taigoye* y había muchos soldados que le tenían bronca porque en sus manos habían caído muchos soldados anteriormente. Siempre el odio está ahí, permanece. Con la llegada de *Taigoye*, los soldados empezaron a reunirse. Y *Taigoye* casi fue traicionado. Los tres indios que lo acompañaron murieron pero él escapó. Solari tenía buena intención con él, pero los soldados desobedecieron la orden de agradecerle porque justamente él fue quien protegió la frontera . La intención de Solari era mostrar a sus soldados que los indios también colaboraron y defendieron su territorio. Si el territorio de Las Palmas es de ellos es porque los indios lo defendieron. El ejército argentino estaba ahí, pero ya estaba perdido. Entonces, con el auxilio de los aborígenes, el ejército ganó porque los indios defendieron con honor. Inclusive ningún soldado argentino fue herido. Ninguno. Solari lo felicitó, lo abrazó. Encontramos la foto donde estaba abrazado Solari con *Taigoye*. *Taigoye* decía: "*Damaye capiolec* —decía—. Éste tiene poder más chico que el mío", "Éste es chico". Hablaba a espaldas de Solari. Está hablando a los demás para que ellos pasen el mensaje de que su jefe es más grande que el jefe del ejército.

Entonces se escapó *Taigoye*. Se salvó porque agarró la bandera argentina. La que estaba izada en un palito. Se cubrió la espalda y salió por la puerta donde tenía que salir. No lo mataron porque se cubrió con la bandera argentina, porque él pensó: "si respetan este pedazo de tela, a mí también me van a respetar si la uso".

Y la agarró. Era muy inteligente. Se salvó por su habilidad. Era bien controlado, cada paso ya lo tenía calculado. Aunque no estaba previsto, él ya estaba alerta. Ya tenía todo planeado, en el momento en que hiciera falta se le prendía la lamparita. En ese momento se dio cuenta de que había problemas. Habló con el jefe, se estrechó la mano con el Capitán Solari, se dio cuenta de que mataron a los que estaban con él y se escapó. Sin verlos muertos ya se dio cuenta. Salió por el techo, agarró la bandera y se cubrió la espalda. Agarró el caballo y se fue por la puerta del Fortín. Ahí se salvó. Ésa es la historia de *Taigoye*.

Imagen 18. ...*Taigoye* agarró el caballo y se fue a la puerta del Fortín.
Ilustrador: Valentín Suarez

*Taigoye* para nosotros es uno de los más grandes líderes y hasta hoy nadie lo supera. Hoy en día nosotros queremos hacer política, hablamos de estas cosas pero no las superamos. Él intervenía en acciones muy delicadas, intervenía en la guerra y siempre solucionaba los problemas. Era muy inteligente, muy precavido, muy alerta, el don que tenía era el de una persona que fue revelada. *Taigoye* era el que defendía a su grupo.

Existe además la historia de que hacía practicar a los aborígenes de noche. Agarraban los caballos, los adiestraban de noche. Cuando había luna llena, empezaban a practicar en una cancha cómo había que enfrentar a los soldados. Cada luna llena practicaba cómo había que guerrear. En luna llena porque hay más luz y nuestros reflejos están más atentos que en la oscuridad. Algunas comunicaciones se cierran con la noche. Con luna llena, a cierta distancia, se escuchan las cosas; a cierta distancia, se escucha el agua, el ruido de los caballos, su andar.

Por eso hay que conocer los significados. Todos los ruidos de día y de noche hay que conocer. *Taigoye* prefería practicar con luna llena. Empezaban a rezar, a rezar a la salida del sol. A veces decía: "Dios de día, llegará el día en que vas a trabajar, ayúdanos y reconfórtanos, danos paz y pan, tranquilidad". Con esas palabras, él ya se sentía tranquilo, sabía que el día le iba a venir bien. Decía: "Dios de día" porque el día ya va a llegar, no dice un nombre sino "Dios de día". "Dios del día protégenos porque viene el día en que Usted va a trabajar". Pedía que los fortalezca, que los proteja: "Danos pan, paz para trabajar y vivir". Así hablaba.

# Atropellos.
# El Presidente Yrigoyen recibe a *Taigoye*

Timoteo Francia

*Taigoye* es conocido por los escuadrones del asentamiento en Resistencia, por los fortines de Resistencia. *Taigoye* era el más conocido. A raíz de que tantas veces las comunidades eran atacadas y sorprendidas, un día se levantó y se fue [a Buenos Aires] con su traductor. La tribu que lo velaba estaba desesperada porque no sabía para dónde se fue. Una semana estuvo afuera del Chaco. A Buenos Aires se había ido.

En Buenos Aires alcanzó a amenazar al Presidente Hipólito Yrigoyen. Según los relatos, este cacique llegó a hablar con Yrigoyen. Llegó donde estaban los guardias y no lo dejaron pasar, no lo dejaron pasar. El guardia decía: "No se puede pasar, no se puede pasar. Dáme el mensaje y yo se lo voy a decir al Presidente. Pero él no quería y decía: ¿Cómo yo voy a estar perdiendo el tiempo con este individuo? Crucé montes y esteros y sufrí mucho. ¿Cómo voy a venir hasta acá y un soldado me va a impedir hablar con el Presidente? Entonces dijo: "Dígale que el cacique dice que si usted no lo deja pasar, desde acá usted va a morir, desde acá va a morir". Agarró al guardia, el mismo cacique.

*Taigoye* era de esos caciques a los que le temblaban la mejilla cuando hablaba, era muy peligroso. Con el sólo hecho de que lo miraras parecía que el poder que él tenía te entraba y ahí ya te debilitaba. Se humillaban ante él porque era una autoridad. En la cara tenía cortaduras porque intervino en muchas acciones. La cara se le movía cuando hablaba. Era terrible y peligroso. Asustaba. El cabello largo tenía, todo despeinado.

Amenazó a los guardias: "Si no me dejan pasar, ustedes mismos van a morir aquí". Hasta que lo dejaron pasar, lo dejaron pasar. Se fue corriendo, subió donde estaba el Presidente, ni tocó la puerta y la abrió. El Presidente estaba en un sillón con las piernas arriba del escritorio. Entonces, el Presidente trataba de darle excusas pero el cacique se le acercó. Después, como el Presidente no lo atendió como correspondía, lo agarró del pecho y le dijo: "No vengo a ver cómo me actúa, yo vengo a hablar con usted". Ahí empezó: "Mis comunidades están recibiendo atropellos". Ahí empezó a elaborarse un convenio aunque se resistía un poco el Presidente. Ésa era la oportunidad en la que el Presidente tenía que morir pero *Taigoye* lo dejó vivir.

Lo que pasaba era que los cabecillas de cada escuadrón de los regimientos tenían problemas con los indígenas. Ellos les tenían odio a los pueblos indígenas, no el Presidente, sino otro oficial que era encargado de patrullaje. Éste le tiene bronca a los indios. No sé si hay acuerdo o no, pero de todas maneras ellos empezaban a atacar a las comunidades o a las aldeas.

Entonces firmaron el documento. Trajo el documento *Taigoye* y ni bien bajó de la Casa de Gobierno donde estaba el Presidente ya no se supo por dónde se fue ni en qué calle tomó porque él es un espíritu más. No se supo por dónde salió porque como él sabía que le iban a tender una trampa a la salida de la Casa de Gobierno, huyó. A diez kilómetros de donde estaba la Casa de Gobierno le iban a hacer una emboscada, lo iban a matar. Pero él ya lo presentía. A medida que iba hablando con el Presidente, *Taigoye* lo miraba a los ojos y ahí empezó a detectar cuáles eran sus intenciones. Él ya estaba sabiendo en qué momento iba a pasar la emboscada, por eso salió por otra parte. El ejército estaba esperándolo pero nunca más apareció.

Cuando llegó a la aldea empezaban a ejercitarse toda la noche. Hasta que se fue a Resistencia y ahí se encontró con el Capitán Solari. Solari era como el más respetado, el más salvaje en esas filas del ejército. Era sargento y por el coraje y valor que tenía lo ascendieron a capitán. Pero fue superado por *Taigoye*. Solari necesitó la ayuda de este indio cuando una parte de Argentina estaba a punto de ser invadida por los paraguayos.

# Ausencias en la historiografía

Mariana Giordano

La presencia del cacique *Taigoye* es sobresaliente en distintos relatos de este libro. Tal como se lee, aparece en tres contextos históricos diferenciados: la "Guerra con Paraguay", una visita al Capitán Solari en Resistencia y una visita al Presidente Hipólito Yrigoyen para reclamar tierras.

La historiografía no registra el nombre de *Taigoye*, aunque sí diferentes eventos en los que caciques "amigos" dialogaban y defendían la frontera junto con las tropas militares argentinas. También se registran reclamos por tierras que, desde principios de la década de 1920, realizaban los indígenas a raíz de enfrentamientos que tenían con pobladores criollos. Uno de estos enfrentamientos condujo al hecho de que, a través de un decreto de Marcelo T. de Alvear, el Estado Nacional reconociera una reserva de 150.000 hectáreas en el Interfluvio Teuco-Bermejito, Provincia del Chaco. Al respecto, el antropólogo Alejandro Balazote (2002) escribe lo siguiente:

> [...] el 19 de febrero de 1924 Alvear firmó un Decreto ratificando los compromisos establecidos inicialmente. En sus considerandos se puntualizaba la intención de «... regularizar la situación de esos indígenas que actualmente por falta de una ubicación precisa se ven obligados a tener que deambular sin destino». Encomendaba también a la Dirección General de Tierras «... facilitar lo necesario con el objeto de que se concentren en esa superficie los indios del Norte, la que deberá destinarse exclusivamente para ser ocupada por los mismos, con sus poblaciones y demás elementos necesarios para su desenvolvimiento [...] (Decreto año 1924) (*ibid.*: 167).

Con respecto a la participación de este cacique en la Guerra con Paraguay, tal como se lee en el relato de Francia, creemos que podría estar refiriéndose a los conflictos limítrofes posteriores a la guerra que tuvieron Argentina y Paraguay con la ocupación argentina de Villa Occidental. De hecho, "la Guerra con Paraguay" no podría ser la Guerra de la Triple Alianza porque es previa a la ocupación del territorio chaqueño por parte del Estado argentino.

En suma, si bien el cacique *Taigoye* es ubicado en diferentes momentos y lugares por parte de diversos indígenas chaqueños actuales y si bien la historiografía no cuenta con material sobre él, *Taigoye* puede ser uno de los tantos caciques sin nombre presentes en los textos que conforman la historiografía y que dan cuenta del rol central que desempeñaron estos caciques en los reclamos por tierras.

# La petición de *Meguesoxoche* y la espera de la paloma blanca

Valentín Suarez en diálogo
con Celeste Medrano

Valentín Suarez: *Meguesoxoche* fue uno de los jefes antiguos del Gran Chaco. Lo conocieron así, joven, pero era un joven que sabía toda la marisca, sabía todo lo que es costumbre indígena· Pero a causa de muchas persecuciones hubo un momento en que le concedieron un poder, un poder para ser *oiquiaxai*. Todos se dieron cuenta, los ancianos que vivían con él. Él contaba que cuando le dieron poder como que alguien cayó de espaldas e hizo un ruido de hierro, como de una campana, un solo ruido y cuando se dio vuelta vio que era una persona elegante y él le habló. Dice que le preguntó el ser ese: "Pídame todo lo que usted quiera. ¿Qué quiere usted?". *Meguesoxoche* dice: "Bueno, si usted viene para bien yo te pediría que nunca voy a morir en guerra, porque yo quiero ser guerrero". Le concedió el pedido.

Él dirigió a la tribu y ha participado en muchos conflictos y durante el transcurso de esos conflictos dice que él tuvo un caballo blanco y toda la gente se preguntaba donde consiguió ese caballo blanco. Él enfrentaba a los jefes de las tropas militares, tiene su grupo también de guerra, sus guerreros, y les advertía a los que dirigía que ninguno se adelante: "Yo solamente me voy a adelantar con mi caballo". Viste que la estrategia militar [es que] siempre van en fila y él tenía que enfrentar [al enemigo] antes de que lleguen los soldados. Él salía primero con su caballo blanco y usaba lanza nada más. Dice que a medida que va avanzando *Meguesoxoche* le tiraban [balas], los soldados le tiraban [balas] pero no le hacían daño las balas. Hasta que por ahí mata a cuatro o cinco soldados. Entonces, huye la tropa militar porque ya sabían que no es un hombre común el que estaba ahí. Una vez que huían los militares, ya avanzaban los *qom*. Los *qom* avanzan y persiguen a los militares y esa fue la petición de *Meguesoxoche*.

Pero llegó un momento en que *Meguesoxoche* también fue cautivo, fue agarrado por los militares, lo metieron preso pero no lo metieron preso en un calabozo sino que lo ataron a un palo. En un palo lo tenían maneado y dice que no tan solamente lo ataron sino que lo fusilaban y no moría. Una noche estuvo ahí y después dice que cambiaron de rumbo.

Imagen 19. *El teatro de las crueldades de los herejes de nuestro tiempo* (p. 99).

Dice que lo llevaron a la costa del río, ahí, en Resistencia, en ese lugar del río Bermejo, Chaco. Lo llevaron ahí, buscaban la manera para matarlo. Y dice que los militares buscaron un cuero de vaca y de ahí le ataron las manos, todo lo demás y envuelto en un cuero de vaca húmedo lo tiraron al agua y lo dejaron ahí. Dicen que al otro día fueron a ver y estaba *Meguesoxoche* ahí parado, que no murió con el agua tampoco. No sé cómo [lo logró] porque lo envolvieron, lo ataron, pero al otro día vieron y estaba ahí, exacto. O sea que esa fue la petición de él, cuando le concedió el poder. Esa es la historia de *Meguesoxoche*.

Celeste Medrano: ¿Y murió de viejito?

Valentín Suarez: No. No se sabe si murió porque después de que tiraron al agua siguió prisionero, lo tenían cautivo. Y dice que embarcaron a otra parte, ninguno sabía [a dónde], pero a él lo embarcaron. El ejército lo embarcó en un barco; no sé a dónde pero dice que antes que lo embarcaran le dijo a su hijo o a su hermano que él va a ser transportado pero que no va a morir, no va a desaparecer. "Yo no voy a estar más con ustedes —dice que dijo—; pero va a haber un momento en que va a aparecer una paloma blanca, puede ser en tu generación o en la última generación —dice que le decía—. Y que sea la última generación quiere decir que si aparece la paloma blanca yo voy a estar vivo otra vez dándole el poder a otro", pasando el poder. Entonces, ahí fue embarcado y no se sabe si murió o no murió, la cuestión es que la tribu hasta ahora está esperando esa paloma blanca que tiene que aparecer.

Celeste Medrano: ¿Todavía no apareció?

Valentín Suarez: No. Y sus descendientes están en el Chaco, en Castelli [...]. Pero él está vivo. Lo que se cree, según el dicho de él también, es que se fue pero que no va a desaparecer. Que va a estar vivo hasta que aparezca la paloma blanca y que una vez que aparezca él va a conceder el poder.

Celeste Medrano: Están todos esperando... pero La Guerra terminó.

Valentín Suarez: Bueno, termina la guerra por flecha, por armamentos, pero ahora es la lucha por leyes, por artículos, por constituciones, por decretos. Esa es la lucha indígena.

# Campañas militares y fortines

Mariana Giordano

La gran campaña militar del General Victorica de 1884 estuvo precedida por avances previos de la frontera entre 1870 y 1883 que son conocidos como "expediciones de reconocimiento". Estas expediciones implicaron fundaciones de poblados, establecimiento de una primera línea de fortines y represión de grupos indígenas. Así, las campañas tenían por objetivo el control territorial del vasto territorio chaqueño. Esto se vio culminado con la gran campaña encabezada por el ministro de Guerra y Marina, Benjamin Victorica en 1884 cuyos "[…] objetivos principales fueron adelantar la frontera sur del Chaco hasta el Bermejo, abrir un camino carretero entre el litoral y el noroeste y garantizar la navegación del Bermejo y la utilización del Pilcomayo [...]" (Maeder y Gutiérrez 1995: 92). Ello implicó la muerte de muchos grupos indígenas con una notable disminución de su población y el confinamiento de los sobrevivientes en los bordes del ámbito chaqueño con la consiguiente dispersión de los grupos cacicales como consecuencia del abandono forzoso de sus tierras ancestrales. También implicó un cambio significativo en su modo de subsistencia:

> [...] los tobas, mocovíes, matacos y vilelas mantenían su actividad productiva basada en la caza, la pesca, la recolección de frutos, y la cría de yeguarizos, a las que se sumaba el ataque a las poblaciones fronterizas en busca de ganado y el comercio. Los vilelas y matacos complementaban estas actividades con el trabajo asalariado en los obrajes costeros del Paraná y en la zafra azucarera en el noroeste argentino. La campaña militar de 1884 privó a los indígenas

de los ríos en que pescaban, mientras que la ocupación de tierras redujo los campos de caza. De esta manera comenzó el proceso de desposesión de sus condiciones materiales de subsistencia que los convertiría en obreros obligados a vender su fuerza de trabajo para poder obtener sus medios de vida por salario [...] (Iñigo Carrera 1984: 11).

Las campañas militares finalizan con las llamadas "campañas de pacificación" hacia 1911. Estas campañas consolidaron el dominio territorial por parte del Estado argentino, terminaron de cortar el acceso de los indígenas a los ríos y a sus caballadas y convirtieron a los grupos del centro-oeste chaqueño "[...] en nuevos pobladores (obrajeros, agricultores, ganaderos) que con su sola presencia redujeron los campos de caza y espantaron a los animales [...]" (*ibid.*: 12).

Las campañas militares también fueron visualizadas por la fotografía: en la gran Campaña de Victorica, el Estado Nacional envió un fotógrafo llamado Luis Parrotta que estaba destinado a acompañar los avances de la frontera y que construyó un *corpus* de imágenes actualmente muy deterioradas pero muy valiosas. A pesar del deterioro, en una de ellas se advierte el rol de la fotografía en esta época:

[...] se convierte en la síntesis del sometimiento y control, tanto desde lo formal y gestual como del contenido: se trata de un conjunto de indígenas vestidos con uniformes militares que posan junto a militares del mismo ejército que los sometió. Dispuestos en tres planos, en el primer plano, un grupo de indígenas lanceros permanece arrodillado; en el plano posterior, algunos portan fusiles y otros, instrumentos musicales de la banda militar. El plano medio concentra la mirada del espectador: nos encontramos con un militar montado a caballo ubicado en el centro de la composición e interponiéndose entre los dos planos mencionados anteriormente. Si bien podríamos hablar de las distintas significaciones que esta imagen dispara, que podrían confluir en el "poder del centro" —tanto desde lo compositivo como desde lo perceptivo— la imagen se convierte en sustento de la premisa de la que partimos: someter y vigilar, por lo que nos interesa abordarla especialmente desde la construcción de la mirada. El fotógrafo construye los planos compositivos mencionados, y organiza una escena donde la mirada recorre las líneas de formación para depositarse finalmente en el centro [...]. Esta imagen alude, por lo tanto, a una construcción de una mirada dominante donde lo que la sociedad presuponía como realidad, no lo es: el indígena chaqueño ya no es el salvaje indómito, el bárbaro antropófago del imaginario colonial y decimonónico, sino que es un "objeto" que ha perdido la sustancia, porque ha dejado de ser "sujeto", y es contemplado desde una mirada totalizadora y contemplativa, desde el ojo del panóptico [...] (Giordano 2011: 384).

Imagen 20. Luis Parrotta. *Expedición del general Benjamín Victorica*. Ca. 1884-85.
Archivo General de la Nación

Imagen 21. El ejército directamente le prendió fuego vivo.
Ilustrador: Valentín Suarez

# I.2. ATROCIDADES, ESTRATEGIAS Y FUGITIVAS

## Y lo quemaron vivo…

Félix Suarez

Vailón Suarez era mi abuelo. Él pasaba por acá e iba a San Carlos cuando no había todavía San Carlos, se llamaba *Mala' lapel.* No era San Carlos. Ese nombre es nuevo. Entonces se acordó de todo, de la Guerra. Hasta se acordó de su hermano que murió en la Guerra. Lo llevaron sobre una mula, después lo quemaron, lo quemaron vivo. Así me contó, así escuché. Dice que al hombre lo agarraron, él estaba mariscando [cazando] y lo agarraron cuando estaba mariscando, lo esperaron al lado y le dijeron: "Ahora tenés que mostrarnos a dónde está tu gente, a dónde está tu gente". Pero él no quería contar. Entonces, los blancos le dijeron: "Si vos no contás te vamos a matar". A la fuerza tenía que contar.

Así vivo lo llevaron en mula, lo ataron en la cintura y después lo inclinaron todo, lo atravesaron a la mula. Pero él decía: "Disparen [escapen]. —Sí, decía—. Ya me agarraron, así que tienen que disparar [escapar]". Entonces, esa gente que estaba escuchando, disparó [escapó]. Se escondieron todos y cuando los blancos llegaron ahí, no había nadie, ya se fueron todos los *qom.* Ese hombre les estaba avisando. Entonces, el ejército directamente le prendió fuego vivo y la madre del joven estaba escondida cerca de un montecito y lo miró morir, el padre también. Miraron cómo lo quemaron. La madre quería llorar, pero el padre le decía: "No, no, quedáte tranquila, quedáte quieta, quedáte quieta", hasta que se murió el joven. Ella quería ir a dónde estaba el hijo, el hijo [ … ]: "Hay que llegar, vamos a sacarlo, vamos a sacarlo", y hasta que los militares se fueron. La mamá de Vailón contó esta historia.

Imagen 22. *El teatro de las crueldades de los herejes de nuestro tiempo* (p. 123).

Imagen 23. Grabado inspirado en *Brevisima relación de la destrucción de las Indias occidentales* de Fray Bartolomé de las Casas. Theodor de Bry (1528-1598)

# Mutilaciones y brujas

Félix Suarez

[…] La policía [el ejército] mandó, parece, un aviso para [las] nuevas tribus: [llegará] un barco para llevar no sé a dónde, no sé a dónde tiene que matar a esa gente. Entonces vino el barco y la gente corrió mucho, dice que no alcanzó [a cargar a todos], no alcanzó ese barco y esa gente que se va, se iba caminando a la orilla del mar [río], del Bermejo. Caminaron y cuando a algunos los pica la víbora, ahí nomás los dejan… caminaban mientras que no sienten dolor grande, pero después cuando ya no se puede caminar, los dejan y mueren.

Hasta que alcanzaron, llegaron a un lugar [en el] que tienen que matar a esa gente [*qom*]. Entonces la policía dice que buscó la forma… carnearon a un perro, juntaron la bosta de caballo para tomar mate… carnearon a un perro para dar de comer a esa gente, pero todos los que están ahí [los *qom*] miraban a los perros que carnearon y [se los] dan para que coman: "El que no coma, va a morir" —decían [los militares]—. Algunos [*qom*] comen. El que no come…, a las mujeres les cortan la teta… les cortan la teta hasta que sale toda la sangre. Al hombre, cuando no come el perro, le cortan la muñeca hasta que sale toda la sangre. Ahí muere…

Entonces juntaron la bosta de caballo, les dan de tomar como mate, el que no toma, así como el que mataron [porque no come el perro], le cortan la teta o la muñeca…

Pero hay gente, hay personas que toman eso. Entonces a esas personas no las matan pero las dejaron como prisioneras. Las tienen prisioneras [a esas personas]… Y bueno, esa gente murió… pero hay dos personas que dice que se escapa-

Imagen 24. *El teatro de las crueldades de los herejes de nuestro tiempo* (p. 18).

ron de ahí… hay dos personas que escaparon de ahí, que se fueron nomás, se fueron nomás. No sé cómo, Dios hace esto para que estas dos personas puedan mirar la historia [huir y contarla].

Esa gente murió toda… y bueno, cuando se fueron los dos vieron todo lo que pasó ahí, vieron todo… [a] los que mataron, lo que hicieron [los militares], [que les hacen] comer el perro y la bosta del caballo… Entonces esas dos personas se fueron a buscar otro que le comente [contaron la historia a otros] porque la guerra es mundial y la gente se desparrama, no sé a dónde se va. Pero parece que en ese momento uno tiene teléfono, qué sé yo, entonces parece que sabe a dónde están los otros, se comunica, uno oye por [gracias al] el pájaro, algunos oyen, otros por el viento, otros por las aves que vuelan. Entonces parece que ahí ya le llevan a esos chicos y cuando llegaron a esa tribu que está ahí le comentaban todo lo que pasó.

Hay una mujer bruja *conaxanaxai*… Entonces dice que esa señora dijo que tienen que juntar el pucho del cigarrillo de esa gente, de los blancos. Dice que tienen que juntar todos los puchitos del cigarrillo, el filtro tienen que juntar y vamos a poner en un sapo. Esa señora parece que mostró su poder, entonces a ese sapo cuando lo encontraron le pusieron muchos puchitos de cigarrillo, le cosieron la boca e hicieron un fuego grande. Ahí lo echaron. "Cuando se revienta ese sapo, vamos a hacer algo a esa gente…" —dice—. Entonces lo echaron al medio del fuego y se reventó, entonces dijo la señora: "chicos, ahora sí que vamos a recuperar todo, vamos a recuperar [vengar a] toda esa gente que murió". En ese momento se dispara [huye] el ejército. [...] Entonces ahí ya parece que se recuperó todo. [...] La policía tiene que mover todo [su campamento] por el poder de esa mujer.

Así es la historia de lo que yo escuché, de nuestros abuelos.

Imagen 25. Balboa lanza a los perros a algunos indios que habían cometido el terrible pecado de sodomía para que los destrozaran. Theodor de Bry (1528-1598)

# Las fugitivas

Pablo Floricel

Me contaron la historia de las cuatro mujeres, las fugitivas. Había un señor que era chamán que le avisó a mi abuela [una de las prisioneras de guerra]: "Levantáte, vamos, vamos por acá, vamos a donde están tus parientes, vamos a *Piarochi*". Entonces, se levantó la mujer y le dijo a las otras: "Vamos, vamos, levántense. Están durmiendo los soldados". Ellas llevaban tres meses sufriendo como prisioneras de guerra, sufriendo, sufriendo. Muy grande era su sufrimiento. Entonces, a ese chamán no le gustó que ellas sufran, a su compañero [no-humano] que está en la tierra no le gustó que ellas sufran. Por eso les avisó bien que los guardias estaban durmiendo. Entonces, les dijo ese ser: "Yo hago dormir a los soldados, los hago dormir, hasta el guardia duerme".

Las mujeres fueron al lugar llamado Tacurusal, después se iban a un monte alto, por allí cruzaron esas mujeres. Se fueron hasta el final del monte. Allá lejos, las cuatro mujeres. Hablaron las mujeres entre ellas: "Cuando pase el soldado, vamos a ir al otro lado". Todavía no tiene nombre este lugar, ahora se llama "India blanca", porque es como se llamaba a una de las mujeres: *Qomlashe lapagaxae* [lit. 'india blanca'].

Ellas se escaparon del campamento donde había como trescientos hombres. Todas ellas estaban sufriendo por eso se escapaban, día y noche estaban sufriendo. Por eso cuento bien porque conozco la historia. A las mujeres no les gustó que las llevaran. Las llevaron. Cuando llegaron al monte, lo cruzaron, ya tienen algunos metros recorridos de ese monte y entonces miraron para atrás. Una de ellas

Imagen 26. El vigilante del árbol.
Ilustrador: Valentín Suarez

se dio vuelta y miró atrás. Entonces dijo: "Bueno, ahí vienen los soldados, vamos a correr". Escaparon. Andaban cerca los soldados. Ellas escaparon. Cuando entraron al monte, las baleaban. Pero ellas pasaron, se fueron corriendo hacia adentro del monte. Entraron al monte. No les importaron los cardales, se lastimaron las piernas. De noche, subieron arriba de un árbol. Fueron subiendo a un árbol. Y el compañero [no-humano] les dijo: "No tengan miedo, yo estoy acá, yo estoy con ustedes". Era el compañero de mi abuela que vive dentro de la tierra y cuando sale de la tierra le hablaba a ella.

Después, cruzaron por acá hasta llegar a *Mala' lapel* [actual San Carlos]. Subieron a un árbol e hicieron cuatro catres arriba del árbol para dormir. Y escuchaba mi abuela a ese ser otra vez: "Nieta, del otro lado está *Piaroche'*, ya estás por llegar con tus parientes, del otro lado". Ya estaban cerca. Ella contaba a las otras: "Ya estamos llegando con nuestros parientes, estamos llegando". Y el ser le dijo: "De ahora en más verás a un zorro. Cuando vos te bajes, síganlo, bordeen la costa de la laguna. Acompañen al zorro, síganle, les va a mostrar a sus parientes". Mi abuela decía: "Vamos por acá, pasemos por la orilla de la laguna, llegaremos al otro lado, a *Piaroche'*".

Cuando llegaron, cantó el chajá y ellas tenían a un vigilante arriba del árbol. Era un compañero [no-humano] del chamán. Cuando llegó mi abuela con sus parientes, lloraba su hijito, o sea, mi papá. Era chiquito. Encontró a su madre. Cuando estaban escapando, la hermana lo alzó y se lo llevó al monte. Se escapó. Se metió en el monte. Cruzaron después *Tala'* [el río Bermejo] y se fueron al Chaco. Hasta ahí nomás. Ésta es la historia de *Sanca'achi* que en castellano es Rosita Acosta.

| | | |
|---|---|---|
| Nacida entre 1890-1900 | ○ | Rosita Acosta |
| Nacido entre 1910-1920 | △ | Ernesto Flores<br>*Sharoa*<br>La Sirena (Chaco) |
| Nacido en la década de 1940 | △ | Pablo Floricel<br>Anaco, *Sharoa* de San Carlos |

Genealogía de Rosita Acosta

# Regresa la mujer raptada

Asunción Ceferino

[…] Qaỹalauat na qanqañi, nañaxañe na roqshe da lalataxanaxac nache mashe huo'o na qaỹacona na ñaqpiolec qaira'a que'eca maye nma' na rocshe, ñaqtac (ñaqpiolec) nlatac nache 2 qollaxa cahuatai'

**[Los militares] mataban a los que agarraban [prisioneros], después los blancos dejan de matar y ya hay niños que agarraron [como esclavos], los llevan a donde viven los blancos, son criados, esclavos, y esos fueron dos.**

Yem qantesoqo', lqaỹa yem qarate'e, qataq acam late'e yem qarate'e

**Nuestro tío, el hermano de nuestra madre, y la madre de nuestra madre [ambos fueron secuestrados y llevados lejos].**

Nache no'otahuec qollaxa

**Y [la mamá de mi mamá] se escapó.**

qaq de'eda late'e ayem qarate'e no'otahuec qollaxa. Taỹa cam cumpleaños qollaxa cam roqshe qollaxan

**Y esa madre de nuestra madre se escapó. Los blancos se fueron a un cumpleaños.**

Qoỹetega lta'a late'e lqaỹañecpi nache jec cam roqshe qollaxan

**Dicen que el padre, la madre, los hermanos se fueron, los blancos.**

Qollaxan nache dehuenataxan ca'aca nogotole mashe qañole, mashe ỹe

**Después, entonces pensó esa chica, ya es joven, ya es grande.**

"Aỹem negue' ca mayoom da sotaina'a, ye huo'o da huaña da aỹem qanlaqtega nache onaxaic da sheguelaq, maiche ye cam lataxac cam ỹecquiaxac"

**[Pensamiento de la chica]: ¿De qué me sirve estar acá? Hay momentos en que me retan, entonces mejor me voy de vuelta, que pase lo que pase durante mi regreso.**

Nache acatai' qañole nache anac ỹaxajlec, petañi ỹaxajlec ca sabana na logoxot qataq natai' nallec

**Entonces esa joven se vino, a pie. Envuelve en una sábana la ropa y la poquita comida [que tiene].**

ỹanague na l-laq

**Y carga en su espalda.**

Imagen 27. Regresa con su ropa envuelta en una sábana.
Ilustrador: Valentín Suarez

¡Huaqtelec nache da nache da nvi' da pe da anacta, nache da huaigui da'ada aviaq nache huo'o da huishiguem nache da pe nache nalletaña na quiyoc

**Justo cuando llega la noche, está viniendo [ella], y está en el monte profundo, y a veces se sube arriba [de un árbol] y a la noche está mirando al tigre.**

Qaỹalleto'ot ỹa'alaqtac ñi quiyoc

**La está mirando, está gruñendo, el tigre.**

Imagen 28. La jovencita está arriba del árbol.
Ilustrador: Valentín Suarez

**Nuevamente baja aquella jovencita.**
Qaltaq anac qaq da lhuennataxa qoỹettega mpa'aỹa'acna'a na lauo'
**Nuevamente avanza y su pensamiento dicen que se dirige a estos lados, con sus parientes [piensa en ellos].**
Nache dam dehuennataxan nache mpa'aỹa'acna'a nam lauo'
**Y cuando piensa entonces se dirige a estos lados, con sus parientes.**
Nache ỹoltaq anac ye naxalom copom nache nmatic
**Y sigue avanzando todo el día, luego entonces descansa.**

# Estrategia de guerra

Eduardo Mansilla

En la época de La Guerra, hubo un momento de mucha persecución y los *qom* tomaron la estrategia de luchar contra el ejército. Había un monte y en medio del monte había un callejón por donde se aproximaba el ejército. Siempre el ejército seguía la huella de los *qom*. Cuando llegaron al monte, había un *oiquiaxai* que relató que el ejército estaba persiguiendo a su tribu y entonces todos entraron al monte. Varios hombres se quedaron en la entrada y otros avanzaron más adentro. Los varones estaban bien armados con flechas y lanzas. Se aproximaba un grupo del ejército, unos pocos. Cuando entró el ejército a ese monte, cuando pasaron, ahí los *qom* empezaron a tirar flechas por detrás y cuando los blancos se dieron vuelta para ver de dónde venían las flechas entonces del otro lado también los *qom* les tiraban flechas. El ejército se confundió y varios murieron, otros huyeron.

Imagen 29. Estrategia de guerra.
Ilustrador: Valentín Suarez

# "Siempre se respeta el territorio". Muere el Capitán Solari

Timoteo Francia

El Capitán Solari era un chaqueño que en el tiempo de la presidencia del General Roca actuó en la Campaña del Desierto. El capitán Solari sabía perfectamente cómo eran los indios y él era el más salvaje, el que conocía geográficamente esta zona. Sin embargo, tenía por dentro temor a los aborígenes porque sabe que entre los indios los caciques no son caciques simplemente humanos.

[…] Una de la historia que nunca fue relatada antes cuenta cómo el Capitán Solari fue herido, cómo fue herido por los indios. Al pelotón que él tenía lo mataron. Era un desastre esa zona. Se mató a todo un ejército, cayó en una laguna. Los aborígenes tenían rifles, palos o armas de la época, y los soldados escapaban y se metían debajo de los camalotes, se sumergían en el agua para huir, estaban desesperados. Lo que pasó es que el pelotón extendió una trampa, pero esa trampa el mismo cacique la intuyó: "en tal parte va a pasar el ejército, vamos a distribuirnos todos y vamos a darles una lección". El Capitán Solari fue herido pero el ejército quedó, sus soldados quedaron. Murieron todos. Murieron. Ésa es una historia que nunca encontramos en los libros y es un gran triunfo para la comunidad indígena porque siempre se respeta el territorio, siempre se respeta.

# "Una descarga de armas largas atruena el espacio"

Mariana Giordano

Los relatos de Timoteo Francia refieren a un personaje de la historia del Chaco que, a la vez, dio nombre a una localidad de la Provincia: Capitán Solari. Se trata de Facundo Solari quien tenía a su cargo a un grupo del ejército encargado de realizar tareas de patrullaje en la línea de los fortines del río Bermejo. Su trascendencia histórica surgió tras haber muerto en una emboscada entre los grupos indígenas.

En la crónica de la muerte del Capitán Solari, el historiador Manuel Meza señala que "el Capitán Facundo Solari fue asesinado por los aborígenes en la jurisdicción del Fortín Uriburu, el 1 de junio de 1912, en circunstancia que prestaba servicio en el Regimiento 7 de Caballería, de guarnición en el Fortín Presidencia Roca, cuyos efectivos se habían trasladado desde Resistencia, en los primeros días de septiembre de 1911, al mando del Teniente Coronel don Mariano Aráoz de Lamadrid…" (1978: s/f).

Al igual que hace Timoteo Francia, Meza (re)construye el contexto de la muerte de Solari. Gracias a esto, disponemos de dos relatos diferentes (uno de un historiador y otro de un pensador indígena) de este mismo suceso. Como defensor de las campañas militares, Meza refiere que:

> […] El día 1 de junio, pasado el mediodía, la columna expedicionaria seguía hacia el objetivo ordenado, que ya estaba cercano, y de repente el Capitán Solari que iba delante de la tropa divisó un tigre que estaba en el sendero donde tenían que pasar y rápidamente volvió sobre sus pasos y pidió a un soldado su carabina y proyectiles y preparada el arma hizo fuego sobre el fe-

lino, cuyo impacto le destrozó la cabeza, cayendo mortalmente herido. Allí se hizo un alto en la marcha y mientras se sacaba el cuero al animal, el Sargento Arce realizó una exploración a lo largo de la picada en un trayecto de varios cientos de metros, por donde tenían que pasar. Cuando se disponía a continuar la marcha, el Sargento Arce le informó a su jefe que había encontrado rastros frescos de pisadas de indios, por lo que estimaba necesario adoptar todas las precauciones, preparando las armas para cualquier eventualidad, sugerencia que molestó al Capitán Solari, increpándole a su subordinado, en la siguiente forma: Sargento Arce. Dígame ¿quién manda aquí, usted o yo? A lo que le contestó el interpelado: Usted, mi capitán. Se continuó la marcha mientras la tarde se iba extinguiendo y la columna llegaba a la costa de un estero que bordeaba un monte, mientras la noche iba cubriendo con su sombra el panorama. El vaticinio del Sargento Arce se cumplió inexorablemente. Una descarga de armas largas atruena el espacio y lenguas de fuego, como pequeños relámpagos se divisaron desde la espesura del monte, a escasos metros del sendero. Simultáneamente al fragor de la descarga se lo ve caer de su cabalgadura al Capitán Solari herido de muerte y heridos de consideración el Sargento Arce y dos soldados. De inmediato se produjo el desbande de los restantes que resultaron ilesos [...] (1978: s/f).

Como historiador reivindicador de las acciones del ejército argentino, Meza considera la muerte de Solari producto de un "hecho vandálico [que] tuvo honda repercusión en las filas de nuestro ejército, en la civilidad de Corrientes y Resistencia, donde gozaba de general aprecio" (*ibid.*: s/f).

# Muerte en La Cangayé. "Se va sin rumbo si [uno] no conoce la historia"

Juan Rivero

La placa que hay en La Cangayé tenía cuatro caras[21]. Pero los *roqshe* [blancos] la sacaron. El que está de ese lado es *Paikín* [cacique mocoví]. El de aquel lado es su hijo *Nacherquin*. Después está Matorras[22] y Ovispón. Estaban los *qom* y los *moqoit* [mocovíes] que se fueron para el sur y los ancianos *qom* eran de La Cangayé. Ese lugar antiguamente era de los aborígenes [...]. Acá crecieron los *qom*. Por eso son ahora nuestros padres. Nuestros líderes.

Si sos dirigente no conviene que nada más busques la plata, si no vas a defender la tierra. Porque nuestros antepasados fueron de acá. Ahora el que quiere ir al pueblo que se vaya y el que quiere quedarse que se quede en la tierra porque ésta es la tierra de los *qom*. Los blancos se querían apropiar de toda la tierra.

Más para acá de La Cangayé, hay un lugar llamado La Mora y ahí estaban los *roqshe* [blancos], los ejércitos, el destacamento policial. Se asentaron primero ahí, mataron a nuestros padres, sobrevivieron dos nomás de esa guerra y a los otros, los mataron. Estos dos se escaparon. Si lo mataban al viejo Chico, no iba a existir la familia Chico. Había una guerra.

---

21 La Cangayé fue una Reducción de indios entre los años 1780 y 1793 en la actual zona central de la provincia de Chaco.

22 Gerónimo Matorras fue Gobernador del Tucumán y en el año 1774 viajó por la costa del río Bermejo para encontrarse con el cacique *Paikín*.

Imagen 30. Juan Rivero.
Foto: Valentín Suarez

Algún día los nuevos tienen que escuchar y se van a sorprender. Martín Chico [*Pelaiqui*] y mi abuelo *Pasaqchi*. A ellos les apareció el poder de arriba, por eso se liberaron y se escaparon. No es lindo que no les pregunten a los mayores. Si uno se va solo, sin conocer, entonces se va sin rumbo. Se va sin rumbo si no conoce la historia. Tiene que saber de dónde provino el pueblo *qom*. Los nuevos [jóvenes] desconocen el sufrimiento de los antiguos.

*Pelaiqui* tenía poder que le vino de arriba, de lo alto. A los dos ancianos los ataron con candados, cuando vino el [ser no-humano] que los socorrió y les tuvo compasión, pisó los candados y éstos se abrieron y ahí se pudieron escapar de la prisión en la que estaban. Después los persiguieron y se escaparon. Si no era por ese que los salvó no iban a existir, no iban a existir los Chico.

Yo sé de dónde provine. Mi padre de llama *Qoyaxachi*, que en castellano es Juan Rivero.

# La Cangayé y Paykín

Mariana Giordano

La Cangayé fue un paraje al que arribó en 1774 Jerónimo Matorras, gobernador del Tucumán, para la reunión a realizarse con el Cacique Paykín. En ese lugar, ubicado sobre el río Bermejo, se encontraron Matorras y *Paykín* en un célebre encuentro en el que discutieron un tratado que se conoce como la *Paz de la Cangayé*:

El tratado firmado el 29 de julio de 1774 entre el Gobernador Matorras en nombre de la Corona y los caciques mocovíes Maykín, Lachirikín, Coglokoikín, Alogocoikín, Quiaagarí; y los tobas Quiyquirikpi y Quitadí en representación de 7000 aborígenes, constaba de once artículos [...]. El Protector de Indios Juan Antonio Caro, criollo y conocedor de las lenguas aborígenes, firmó el documento por los caciques. Entre las principales cláusulas de este tratado merecen citarse: la primera, en la que se reconocía a las naciones aborígenes el señorío sobre los territorios que ocupaban, basándose en estos fundamentos: 1) por haber sido de sus antepasados; 2) Por ser el clima adecuado para su salud y sistema de vida; 3) por ser su fuente de recursos en caza, pesca y recolección de frutos. Además, se les reconocía el derecho de ser libres y de no ser sometidos a esclavitud ni sujetos a encomienda, sistema que aborrecían [...]. Otras cláusulas establecían la evangelización de los indígenas, el derecho a contar con curas doctrineros y pedir el establecimiento de reducciones [...] Matorras se comprometía a proveerlos de ganado, semillas y herramientas [...] (Altamirano *et al.* 1994: 66).

La reunión entre *Paykín* y Matorras fue objeto de una de las pinturas más sobresalientes de la época, atribuida a Tomás Cabrera[23] y titulada "Entrevista del gobernador Matorras y el cacique Paykín", que se encuentra en el Museo Histórico Nacional de Buenos Aires. Las estrategias de representación dan cuenta de los modos en que los españoles se representaban a sí mismos y a los "otros". Además, se alude al rol del cacique y a la comitiva según los preceptos artísticos, religiosos y políticos de la época.

> El cuadro de la Entrevista [...] presenta dos sectores claramente delimitados; uno de ellos ocupa dos tercios y refiere a un espacio terrenal en el que se desarrolla la entrevista; el otro, en la parte superior, remite a lo celestial en una gloria. Esta tradicional forma de composición permite presentar los temas por medio de prefiguraciones o paralelismos entre lo terreno y lo celeste, ligando ambas partes, a la vez que enfatiza su pertenencia a dos órdenes diferentes. En la Entrevista [...] los dos sectores quedan enmarcados y unificados por formas de rocalla, en las que se insertan cartelas con textos sobre los elementos que integran el conjunto (Penhos 2005: 76).

Imagen 31. Tomás Cabrera (atrib.). *Entrevista del gobernador Matorras y el cacique Paykín.* Óleo s/tela, 0,91 x 1,25 m., 1775. Museo Histórico Nacional, Buenos Aires.

---

23 Pintor y escultor activo en Salta en el último tercio del siglo XVIII.

# Historiografía del poder y de la guerra en el Gran Chaco

Mariana Giordano

La historiografía de las guerras, los caciques y el poder en el Gran Chaco está anclada en dos momentos históricos diferenciados: las entradas[24] y la construcción de una frontera con el Chaco durante la época colonial, y el paso entre el siglo XIX y principios del XX que supuso el avance y ocupación de los territorios del norte por parte del Estado argentino. Es por eso que la cuestión espacial y territorial en estos dos momentos históricos diferentes está sujeta a los avances y retrocesos de la frontera.

De tal modo, cuando se aborda una u otra época es preciso considerar la existencia de grupos étnicos diferenciales según se vaya recortando el universo territorial del Gran Chaco (de la época española) al Chaco Argentino (desde los procesos de independencia) o las referencias institucionales a la Gobernación del Chaco (1872, que incluía las actuales provincias de Chaco y Formosa), al Territorio Nacional (1884) y posterior Provincia del Chaco (1951). Es decir, las delimitaciones espacio-territoriales hacen que se consideren unos u otros grupos étnicos en los territorios que quedan dentro de los límites que se adopten.

Existe, entonces, un primer conjunto de textos que están centrados en los distintos tipos de acceso que los españoles realizaron para ingresar a un territorio chaqueño absolutamente vasto e impenetrable. Ellos detallan la complejidad estratégica que este espacio implicó en la época de la conquista y ocupación española.

---

24  En la historiografía se le llama "entradas" a las expediciones de diversa índole, muchas ellas militares pero con interés exploratorio del territorio.

De tal modo, estos textos abordan la conquista y los acuerdos con los caciques, los procesos de avances desde el Tucumán, desde Buenos Aires y desde Asunción, así como el rol de las Misiones jesuíticas en la ocupación del espacio o la relación con los grupos cacicales (Vitar 2005, 2002, 2001).

Junto con la problemática del poder jesuítico y del cacicazgo, atravesado por los estudios de género, Vitar (2008) ha abordado el rol de las mujeres en las Reducciones de la frontera chaqueña en el siglo XVII. "Mansos" y "salvajes" son dos conceptos claves que emergen de los estudios de la guerra de fronteras (1995).

Teniendo en cuenta el papel de la frontera con el indígena chaqueño en los procesos de ocupación, avance y negociaciones, Judith Faberman abordó el rol de los indígenas *matarás* emigrados luego de la destrucción de Concepción del Bermejo (1663), y el modo en que estos grupos identificados como "tonocotés" se ubicaron en la jurisdicción de Santiago del Estero. En tal sentido, describe cómo se constituyeron en guías de las diversas entradas en el "territorio infiel", en el comercio (la actividad más relevante y autónoma en el ámbito de la encomienda) y en la actividad militar. Como resultado de estas funciones mediadoras, de la localización fronteriza del pueblo y de las especificidades culturales del grupo trasladado, los *mataraes* fueron percibidos como a mitad de camino entre "cristianos" y "gentiles". Este antiguo contraste, según las fuentes, habría de perdurar por mucho tiempo, superando incluso la disolución de Matará como pueblo de indios en la segunda década del siglo XIX.

También referida a la época colonial, pero desde una perspectiva que se aparta de la historia política e institucional —aunque la contiene—, Marta Penhos ha trabajado las relaciones entre visualidad, conocimiento y poder en relación con la entrada al Chaco realizada por el gobernador de la Provincia de Tucumán, Gerónimo Matorras (1774). Como lo expresa Penhos, estas "entradas" contribuían a la construcción de visualidades ya que las imágenes se convertían en formas de adquisición de conocimiento a la vez que afianzaban el dominio político (Penhos 2005: 36-37) por el mismo conocimiento del territorio que se tenía y porque eran consideradas "pruebas visuales" del haber "estado ahí".

En este sentido, las relaciones de poder son estudiadas a partir de dibujos y esquemas de las tropas en marcha ubicadas en el diario oficial de la expedición, en mapas y en una pintura sobre la Entrevista del gobernador Matorras con el cacique mocoví Paykín. Así, desde la documentación y producción visual hegemónicas, el cacicazgo y las relaciones de poder son analizadas desde una perspectiva historiográfica que articula la historia cultural, la historia del arte y la antropología crítica como modo de relacionar los modos de ver, conocer y dominar el territorio chaqueño.

El segundo conjunto de textos lo constituyen escritos que abordan el avance militar sobre el Chaco argentino a fines del siglo XIX y principios del XX. Este conjunto cuenta con escritos vinculados a los propios protagonistas, que posteriormente han sido revisados por los historiadores contemporáneos. Si bien la cuestión del poder indígena es vista como parte de la relación con un "enemigo" que se debe vencer, en estos textos se hace referencia a la guerra, a los caciques y al poder. Así, el avance militar está documentado en las Memorias del Ministerio de Guerra y Marina (1869-1884) y es recreado en el texto de Carranza (1883), de Victorica (1885), de Fontana (1977[1881]), de Obligado (1935) y de Rodríguez (1927), entre otros.

Existen, además, textos históricos que, tomando como fuentes éditas muchos de los escritos recién mencionados, abordan la Historia del Chaco de un modo general y parten del período hispánico hasta fines del siglo XX (Altamirano *et al.* 1994, Altamirano 1988, Maeder 1996). En ellos, el tema del cacicazgo y del poder es tratado de forma marginal, siempre en relación con el poder hegemónico de la corona española o del Estado argentino. Cuando se lo aborda en relación con el Estado se tienen en cuenta las entradas de la época colonial y las expediciones militares de fines del siglo XIX y principios del XX. Altamirano reproduce un texto de Ángel Carranza sobre la expedición de 1884 al Chaco austral y en el texto el cacicazgo es esbozado en el Combate de Napalpí (Altamirano *et al.* 1994: 155). Específicamente, se hace referencia a *Juanelrai* o *Salarnekalou*, llamado también "Cacique Rico" o "Cacique Inglés", como el cacique que comandó la resistencia indígena (Altamirano, 1988).

Tal como se desprende de este recorrido, aun cuando los dos conjuntos de textos hagan referencia a caciques, las fuentes utilizadas en la historia política y social proceden de informes gubernamentales y escritos de expedicionarios y viajeros, entre otros. En la historiografía no aparecen, en efecto, referencias a las voces indígenas ya que son, en su totalidad, documentos hegemónicos.

## Nota bibliográfica

En el contexto de la historiografía que abarca la historia chaqueña desde la época de las primeras exploraciones españolas, la *Historia del Chaco* de Ernesto Maeder (1996, 2012) incluye también el tema de las fronteras en la época colonial, en la época independiente y en los avances del siglo XIX. La cuestión de la guerra es analizada desde estos avances religiosos, expedicionarios y militares.

Siguiendo esta línea, el *Atlas Histórico del Nordeste Argentino* (Maeder y Gutiérrez 1995) mapea, en diversos momentos históricos, la región chaqueña en el contexto del nordeste. En este Atlas se ubican las poblaciones y los corrimientos de las líneas de fronteras desde la conquista española y se los vincula a ambos en la época de la independencia a la formación territorial argentina. Allí, hay también una serie de mapas que visualizan las diversas campañas militares del país entre el siglo XIX y el XX y otros ubican a los grupos cacicales en diferentes períodos históricos. De tal forma, la cartografía se convierte en una cartografía esencialmente del espacio en disputa y de la guerra.

Por su parte, el historiador Nicolás Iñigo Carrera (1984) indaga sobre el proceso de construcción del indígena chaqueño en un obrero asalariado a partir de la acción militarizada del gobierno argentino sobre los grupos. Analiza el modo en que el avance de la frontera no sólo implicó el sometimiento y disciplinamiento social, sino también económico, al forjar un nuevo tipo de trabajador. En este proceso, el sistema de las Reducciones tuvo un rol significativo como forma de concentración de la fuerza de trabajo.

Desde la antropología histórica, Julio César Spota (2009) se introduce en la problemática previa a la guerra de fines del siglo XIX, es decir, en el sostenimiento de la frontera a través de las líneas de fortines. El rol de los asentamientos militares de frontera como líneas de contención de los ataques indígenas o "malones" involucra, así, otro aspecto de la "guerra" del Estado nacional contra los indígenas entre 1862 y 1884, años en que se realiza la gran campaña Victorica. Es en este contexto que Spota se refiere al papel de los caciques en los ataques y en los acuerdos.

En relación al liderazgo, y desde una perspectiva histórico-antropológica, la compilación de José Braunstein y Norma Meichtry (2008) ahonda en el panorama político de los grupos indígenas chaqueños durante finales del siglo XIX y comienzos del XX, momento en que los diferentes Estados ocuparon la región. De tal forma, en los artículos compilados se abordan las distintas unidades socio-políticas desde las transformaciones de los sistemas políticos en el contexto interétnico, las diferentes modalidades de liderazgo, la construcción y sostenimiento del poder que se producen en este nuevo contexto. El liderazgo se vincula con las guerras que los líderes regionales llevaban adelante, con el sistema de alianzas, con los límites territoriales y con el control de las unidades sociales. Desde esta perspectiva, los artículos exploran la cuestión del poder incluyendo textos de la historiografía.

Por último, la relación de las imágenes con la visualidad y el poder durante las campañas militares (fines del XIX y principios del XX) fueron abordadas por Giordano (2011) a partir de las escasas imágenes producidas por el fotógrafo oficial de la Campaña Victorica. Estos temas también fueron trabajados teniendo en cuenta el poder religioso y el modo en que las imágenes actuaron como elementos probatorios de la tarea misionera de los franciscanos en el Chaco argentino (Giordano y Méndez 2011), en el Chaco boliviano (Giordano 2008b) y en el Chaco paraguayo por parte de los misioneros anglicanos (Giordano 2006).

# "Aparecerán gusanos de distintos colores". Visiones de la modernización

Timoteo Francia

Hay otra historia de los aviones, de los trenes y del asfalto. En la época de *Meguesoxochi*, apareció un anciano que estaba en el consejo que asesoraba a este *oiquiaxai*, *Meguesoxochi*. El hombre decía: "Llegará el momento y ese momento yo ya lo estoy viendo". Muchos se sorprendieron, hasta los viejos integrantes del consejo no lo aceptaban. Más tarde, después de seis meses masticaron bien lo que decía y le dieron la razón. Le dieron la razón.

"Llegará el momento en que nosotros veremos pájaros de hierro en el aire". En la época de *Taigoye* y de *Patoqoi*[25], ahí ya aparecían los aviones y los helicópteros. "Aparecerán alguaciles, *choraxai*, *choraxai* de hierro, llegarán pájaros de hierro. También estaremos caminando sobre pisos. Se refería al camino que tenemos hacia la capital. Y después vino el pavimento. Pisos, me mostraron [en sueños] un camino de pisos —decía—, es todo piso. Y después aparecerán gusanos de distintos colores y dentro de esos cargaran cosas que al hombre le sirven —decía—. Cargas de transporte o algo así. Aparecerán instrumentos que hasta te hacen hablar, hasta a cierta distancia serás escuchado" —decía.

En esa época nadie pensaba cómo vendría a ser el avance de toda la humanidad…Y aparte de eso decía: "Correrá el último indio porque se encontrará en aprietos y es el momento de decidir, si ser indio o me retiro. Llegará el momento en que casi ya no se practicará más la cultura, algunos no se identificarán más con los indios. Tratarán de vivir a la manera de una cultura distinta. Olvidarán su cultura.

---

25 Sobre *Patoqoi* ver relatos de la Primera parte de este libro.

Llegará el momento en que el último indio estará en aprietos, tendrá que decidir o luchará por esto o luchará por aquello" —decía.

Trajo muchas discordias en el consejo, una división transitoria. En el consejo casi no se hablaban más. "¿Cómo fue avisado?", se preguntaron los del consejo. Entonces fue sometido a la mano del médico [chamán] pero no hubo modo de encontrarle una enfermedad, nada. Estaba sano. Después le dieron la razón. Se dieron cuenta de que con el correr del tiempo la cosa sería así...

Nosotros perdimos el caciquismo, adoptamos la forma de organización de los blancos (tenemos presidente, secretario) pero hay que entender que los que integran esa Comisión son aborígenes. La obra, lo que hacen, el pensamiento es indígena. Este integrante estaba a punto de ser expulsado de la tribu por decir una barbaridad. "¿Cómo dice al pueblo las cosas que vendrán, si usted no está dispuesto a intervenir cuando hay algún problema?—le pregunta el cacique. Yo soy el que va a defender a la gente, si hay problema yo hago eso. Usted es simplemente un consejero, consejero mío, no puede adelantárseme" —le decía.

Segunda Parte

## Transformaciones.
## La viruela y el fuego

"Surge este dibujo cuando hablamos de donde
provenimos o cuando referimos a nuestros
antepasados: *yem sachegoxosoxoigui*, 'de donde
provenimos' o 'nuestros antepasados'. Esa
expresión indica 'abajo', 'de donde surgimos',
'de abajo para arriba', de debajo de la tierra.
Se refiere a la generación que viene de abajo.
La línea de tiempo: pero desde abajo en forma
espiralada. Con esta expresión nos referimos
a una descendencia que está acá arriba, en la
superficie, en la tierra, en la sociedad. [...]
Cuando decimos de donde provenimos es que
nuestros antepasados están abajo, enterrados
[...]. Las líneas son los pasos de la vida [...], la
evolución de la vida [...]. El crecimiento es como
el tronco de un árbol".

Valentín Suarez

# *Raloxo*: el origen de animales, plantas y nombres

Timoteo Francia

El fuego es muy sagrado, tiene una historia. En el tiempo de la Conquista apareció la enfermedad más grande que se llamaba *raloxo*. Venía a quemar las pieles, a quemar toda clase de vegetales, toda clase de vida. Es una historia verídica que procede de nuestros antepasados. Dice que hay un *qom* que se llama *Daÿoxochi*, de ahí procede el origen. *Daÿoxochi* supuestamente es uno de los que se enfrentó con los primeros blancos. Es el primero que tuvo contacto con el hombre blanco. *Daÿoxochi*. Antes de la llegada del blanco, vino esa plaga que se llama *raloxo*. Este *oiquiaxai* rezaba, rezaba, rezaba. Pedía a los dioses, en lo alto, en los cielos, a las estrellas, al sol y a la luna. Les invocaba así: "Alguno que me escuche, que me ayude porque quiero salvar a mi pueblo. ¿Qué es lo que debo hacer porque vendrá una peste que se llama *raloxo*". *Raloxo* viene a ser lo que va a afectar a todos. *Raloxo* a todos iba a agarrar.

*Daÿoxochi* era un *oiquiaxai*, [...] que tenía poder. Tiene el mandamiento de vigilar a su pueblo. Empezaba a rezar, empezaba a rezar, hasta que le contestó aquella que llaman *Rapichi*. *Rapichi* era una de la constelación de las Siete Cabritas. Bajó una doncella del cielo, identificándose con una de las Siete Cabritas. *Rapichi* tuvo compasión y tuvo deseo de ayudar a ese hombre que estaba pidiendo ayuda. Bajó una linda doncella. Hermosa estaba con un velo blanco que le tapaba la cara. Era una princesa, una diosa hermosa. Era alta, una linda mujer que pertenecía a las Siete Cabritas. Le dio instrucciones a *Daÿoxochi*. Le dijo: "Yo te puedo salvar a vos solo, si te casas conmigo te llevo al cielo". En ese momento, el líder dijo: "No, por favor, no puedo, yo amo a mi tribu". La estrella se fue al cielo esa madrugada cuando escuchó la respuesta de *Daÿoxochi*. "Yo volveré dentro de tres días, siempre de madrugada, dentro de tres días", dijo antes de irse. Después apareció nuevamente y se instaló otro diálogo con el líder: "Yo vengo a traerte un arma para escapar de la pestilencia. Te doy un palo de punta, un palo de carandá, es un palo sagrado, con forma de un cayado". (Cuando vemos la historia de Moisés vemos esa vara que trae órdenes, ésa es la que contiene el poder. Vemos eso cuando miramos a Moisés, cómo él fue inspirado por Dios y salvó al pueblo de Israel de las manos del Faraón).

La estrella llegó a donde estaba el cacique esa madrugada, en un lugar desierto y le dio una instrucción. El cacique dijo: "Sí, acepto ese instrumento". Dijo la estrella: "Dentro de tres días, toda su tribu cuando llegue a este lugar, de madrugada usted puede confiar en este palo, puede clavar con fuerza en la tierra. Con toda su fuerza cave un pozo. Ahí surgirá una cueva en donde tiene que refugiar a todos, tienen que entrar ahí cuando venga *raloxo*. Una cueva enorme como una casa subterránea. Entren todos y quédense ahí hasta que yo vuelvo a avisar que ya pasó la pestilencia".

Cuando ya estaban todos adentro de la cueva, el último en entrar fue *Daÿoxochi*. Entró y cerró la puerta. Cuando cerró la puerta, vino esa ola de fuego. Arrasaba toda la tierra y no dejó nada. Ahí cuando no dejó nada, entró en calma ese tiempo, volvió todo a la normalidad, pero ya no había nada, nada, nada. Pasaron un tiempo dentro de la cueva.

Después de que pasó todo, ella llamó nuevamente al cacique. Apareció la estrella, la *Rapichi* que siempre vemos en la parte norte durante el invierno. Cuando pasó todo, ella apareció, una bella mujer y llamó al cacique con una voz muy triste. Contestó el cacique. Ellos vivían todavía. "Sal afuera" —le decía la estrella—. Salió el cacique. Entonces vino otra vez *Rapichi*. Una de las *Rapichi*, de las Siete Cabritas, una diosa vino. Tocó la puerta, dijo: "Ya pueden salir". Salió *Daÿoxochi*. "Ahora tienen que salir de a uno los que están adentro, pero de a uno tienen que salir y tienen que dar de la cueva seis pasos para el naciente, todos para el naciente. Que nadie se dé vuelta porque el que se da vuelta tendrá su premio y tendrá una maldición, se empieza a reducir la tribu".

Entonces se iban, sin mirar a ningún lado, con los ojos cerrados. Seis pasos. Terminando los seis pasos ahí recién abrían los ojos. Pero antes de los seis, no se podía. Había un niño que a los tres pasos no aguantó la curiosidad y miró de aquí para allá y se levantó y se fue corriendo, era un perro. Ahí nació un perro. Al rato salió otro, de ahí nacieron los animales, tatúes, ñandúes, carpinchos, todos. Ésa es la historia. Ahí nacieron los animales. Ahí empezaban a distribuir cada cual con su nombre. A cada animal le dan su plantita. Por eso, como hubo unos cuantos que desobedecieron la orden, miraron y no aguantaron la curiosidad nacieron los distintos animales que hoy pueblan la tierra. De ahí salieron los animales y a esos animales les daban una planta. Supuestamente la cantidad de animales que existen es la cantidad de plantas que existen. De acuerdo a la cantidad de animales debe existir la misma cantidad de vegetales.

Imagen 32. Quirquincho (*moxosagan*).
Ilustrador: Valentín Suarez

Volvieron a crecer las plantas en la faz de la tierra. Crecieron y los animales tenían su refugio. Te dan una herramienta y la herramienta es el árbol. Igual que nosotros cuando tenemos que refugiarnos de algo, cuando caminamos lo único que se nos ocurre para protegernos es agarrar el paraguas. Es igual: cada animal tenía su propia planta. De acuerdo a la capacidad del animal también esa planta sirve o no sirve, nacen también los remedios caseros, los que contribuyen para la parte de salud.

[…] Éstos son relatos de nuestros abuelos […]. Éstas son historias que nos contaron y que siempre se conservan y nunca fueron dichas a nadie, a nadie, a nadie, porque son cosas sagradas y las cosas sagradas si a alguna persona, por más que sea aborigen, no le interesa, no hay que darle porque juega con su historia, juga con sus antepasados y los antepasados son sagrados.

Es lindo rescatar la cultura, pero no hay que abusar de los antepasados. Los pasos del tiempo tenemos que respetar. […] Hay que vivir pero siempre hay que mantener vivo, allá, el pasado. Mantenerlo, recordarlo, no olvidarse del origen, no olvidarse del origen. Porque proyecciones hay muchas por delante, muchas y más tarde cualquier cosa se nos va a ocurrir en el camino. Pero nunca hay que olvidarse del pasado, hay que traerlo acá. Mantenerlo vivo.

## *Norecalo.* Resurgen los *qom* y nacen los animales

Valentín Suarez

Nuestros antepasados. En el tiempo de mi abuelo, hablaba de los primeros hombres, de *norec,* el fuego. Cuando fue limpiada la tierra y esa gente [antigua] se metió en una cueva. Como que los *qom* y su origen esa ahí, el de los *qom* y el de los animales. De ahí vuelve otra etapa o generación de cómo surgieron, de donde vinieron los *qom.* Esa historia existe, la de la cueva, *norecalo* y van saliendo. Ya había hombres, pero se escondieron. Los que quedaron, se quemaron. Dice que estaba una toldería y de repente apareció un perrito muy sarnoso que nadie le quería. Andaba por la toldería, era tierno de tanta sarna. A la larga una persona le tuvo compasión, lo recogió y le dio de comer. Como era invierno, lo tapó con algo para salvarlo del frío.

A la noche ese perro hizo soñar al hombre y le dijo qué bien que hizo porque él está trayendo una noticia bien grande que va a salvar a los *qom.* Está hablando la persona en sueños, se disfrazó de perro pero era un hombre que quería socorrerle. En sueños le advirtió que vendrá un fuego muy grande que arrasará con la tierra. Tenía que hacer un hoyo bien grande bajo tierra. Obedeció la persona, contó toda la novedad que trajo el perro. Y a la tribu le contó la catástrofe que vendrá: "Tenemos que prepararnos y refugiarnos". Cavaron como una casa grande abajo y pusieron para comer y agua, para que cuando venga el fuego tengan. Pero como el mundo era esparcido, había gente dispersa que no tuvo esa novedad. Y cavaron como dijo el perro y se vio que venía el fuego arrasando la tierra.

Mi abuelo contaba porque cuando va al monte extrae un cascote así de grande de tierra quemada, dura como el ladrillo y nos muestra y dice este es *nore-*

*calo*, el fuego que pasó y arrasó la tierra. Y obedecieron la gente y le ponen barro en el techo y trataban de tapar la entrada. Cuando pasó el fuego, la tierra se enfrió y el mismo perro desapareció. Les dijo que no salgan hasta que no se enfríe la tierra y después cuando se enfrió le dijo: "Ahora pueden salir pero con una advertencia: tienen que caminar no mirando a ningún lado". Como que de a uno salían y caminaban hasta cierta distancia sin mirar a ningún lado, porque si mira apenas sale, se convierte en animal. Es el origen de los animales. Depende de la edad, si es anciana se convierte en oso, si es anciano en tigre, si es menor en puma o en león, los mas chiquitos en *qolliguesaq* o tatú. Los obedientes quedaron como personas. En la época de mi abuelo, la mayoría de la gente creía porque en el monte vemos esos cascotes quemados, no se derriten.

## Humanos y animales. Cuerpos variables
Florencia Tola

Ambos relatos son versiones de un difundido relato panchaqueño (aunque no solo) que describe el surgimiento de animales y plantas y el resurgimiento de los seres humanos[26]. Este relato establece las diferencias fundamentales entre los animales y los humanos; diferencias que se centran en los tipos de cuerpos que ambos colectivos adoptarán luego del suceso que describe la historia.

Es importante aclarar que este relato parte de la existencia de seres humanos que poseían ya una *interioridad* y una *fisicalidad* humana (Descola 2005). No eran, como se lee en otros relatos antiguos, humanos-animales indiferenciados. Las mitologías de numerosos pueblos indígenas americanos dan cuenta de que en los tiempos antiguos existía "[…] un estado original de indiferenciación entre los humanos y los animales" (Viveiros de Castro 2002: 354, traducción nuestra). Los mitos describen "seres cuya forma, nombre y comportamiento mezcla inextricablemente atributos humanos y animales, en un contexto común de intercomunicabilidad idéntico al que define el mundo intrahumano actual" (*ibid.*). Existen, sin embargo, matices y una diversidad de idas y vueltas entre seres que en algunos momentos fueron/son humanos, en otros relatos aparecen como humanos-animales indiferenciados y en otros son animales.

---

26 Para versiones más antiguas e interpretaciones de este relato, ver Karsten (1932), Métraux (1946, 1967), Palavecino (1964, 1969-1970), Cordeu (1969-1970) y Tomasini (1978-1979). En trabajos previos (Tola 2005, 2009, 2011) hemos analizado esta historia y sus articulaciones con otros relatos antiguos así como con historias bíblicas.

En términos generales, el relato panchaqueño narra acerca de una época en la que los humanos ya existían como tales pero que, a raíz de *raloxo* y de no obedecer una indicación, se transformaron en animales o permitieron el resurgimiento humano. De hecho, los humanos que tuvieron un fuerte control de sí mismos conservaron su cuerpo y su interioridad humana, mientras que los otros seres se transformaron en animales pero conservaron un mismo tipo de interioridad que los humanos; hecho que permite la comunicación con ellos. En varias mitologías sudamericanas, en los orígenes la condición común a hombres y animales era la humanidad más que la animalidad (Descola 1986: 120, Viveiros de Castro 2002: 355) y los mitos —entre ellos, los relatos y versiones que presentamos— dan cuenta de que "los humanos son quienes continuaron iguales a sí mismos: los animales son ex humanos, y no los humanos ex animales" (Viveiros de Castro *ibid*).

Según nuestras versiones, algunos cuerpos animales (no todos) se crearon a partir de la transformación de los cuerpos humanos y los seres humanos prácticamente desaparecieron si no fuera por una pareja que aguantó la curiosidad. De hecho, gracias a estos dos sobrevivientes que tuvieron una hija y un hijo que crecieron y se casaron y tuvieron hijos, los *qom* no hubieran proliferado.

En el relato de Timoteo se lee también que junto con estas transformaciones de humanos en animales se crearon también las plantas: a cada animal le correspondía un tipo de planta que, a lo largo de su vida, le serviría de alimento y protección. Otra versión, aquella narrada por un anciano de San Carlos ya fallecido (Amado Álvarez), confirma el surgimiento de las plantas: "Dios ya sabe cada yuyito o pasto para que coman esos bichos, les da a cada animal. Hay algunos que comen hojas, Dios les había dicho "ésta es la comida tuya". Los tatú comen gusanitos, el quirquincho también escarba, el *potai* come hormigas nomás".

La versión de Timoteo contiene además algunas variaciones respecto de otras versiones orales más "clásicas", así como reactualizaciones de la historia vivida en el Chaco tras la Conquista. Esta versión incorpora las contingencias vividas por los *qom* y reinterpreta también lo transmitido oralmente generación tras generación. Según esta versión, el fuego es una enfermedad (la viruela, *raloxo*) que quemaba la piel de hombres, animales y plantas y que apareció unos años antes de la llegada de Cristóbal Colón. Ya no se trata de una remota historia de los antiguos (que los no-indígenas denominamos "mito"), sino que el protagonista de esta historia fue un líder (*oiquiaxai*), de nombre *Daÿoxochi* que trasmitió a las nuevas generaciones lo vivido por él y su grupo en esos tiempos.

En la versión de Timoteo, cada animal era designado con un nombre, hecho que explica el surgimiento de cada animal con su nombre respectivo. El nombre se vuelve un elemento constitutivo del proceso de diferenciación de los seres. A partir de entonces, el nombre específico de cada especie animal y su forma visible quedaron asociados. Esta coincidencia marca el fin de los seres primordiales que podían cambiar de nombre y de apariencia según su voluntad, tal como se lee en una gran cantidad de relatos. Por ejemplo, una historia que registramos años atrás habla acerca de *lesoxo'n* (cigüeña, CICONIIDAE: *Jabiru mycteria*) y de cómo, en tiempos antiguos, el nombre no necesariamente coincidía con el régimen corporal: se podía ser una persona humana y poseer un nombre animal, así como los atributos del animal al que el nombre remitía. En palabras de Teresa Benítez:

> *Lesoxo'n* tiene una señora [esposa] que cuando se va a buscar fruta al monte se junta con otro hombre pero [es] del monte [y] se llama *shepegaqlo* [tapir, TAPIRIDAE: *Tapirus terrestris*]. Los hijos de *lesoxo'n* se dispararon [se fueron] hasta el fondo del estero, entraron en la totora y ya no los podían encontrar. Se transformaron en cigüeña como su papá, ahí se convirtieron y no los pudieron agarrar.

La mayoría de los seres no-humanos así como los personajes de estos relatos pueden pasar de un régimen corporal a otro, así como se cambia de vestimenta u ornamento. Si en las sociedades indígenas amazónicas es frecuente hablar de "ropa"[27] cuando se hace referencia a la apariencia variable de estos seres, entre los *qom* al evocar su capacidad metamórfica es posible también hacer uso de la noción de vestimenta.

En el relato mencionado, los hijos humanos de la cigüeña adoptaron un cuerpo en el momento en que éste les proporcionó las condiciones necesarias para lograr sobrevivir bajo el agua. El nombre aparece asociado así a esta capacidad de metamorfosis del cuerpo en tanto que atributo variable: "*Challena* era el nombre de esa cigüeña que se transformó. Era un hombre con ese nombre y cuando se transformó era *lesoxo'n*. Cuando es persona se llama *Challena*, cuando vuela es *Lesoxo'n*".

---

27 Ver Viveiros de Castro (2002), Chaumeil (1983), Århem (1990).

# Sobre cómo los *qom* escaparon de *Raloxo*

Ernesto Segundo

**Un participante:**
Tesoqolec, se'eso qoÿiitega raloxo qo'ollaxa, más antoueta'ac qo'ollaxa se'eso año da qoÿiitega.
**Tío, ese que decían *Raloxo* ¿se acuerda el año en que pasó? ¿Qué decían?**
Chaqneguet año qo'ollaxa, nache, queelec na qompi, uaq da nmatchiguiñi se'eso el año so raloxo lte.
**¿En qué año fue que pasó esa que cubrió a la gente, que casi mató a todos, esa 'casi viruela', en qué año?**

**Ernesto Segundo:**
Chaqsota maye, caraaq, sanomaa se'eso raloxo…
**Lo único que sé, más o menos, que recuerdo levemente, sobre aquella viruela...**
Uo'o so qoÿiitega da raloxo, qalaxaye que't que'eca lataxat cha'aye so ñaq souaqtatagaeraxa
**Estaba eso que llamaban 'viruela', pero no sé cuál es la manera [no sé describirla] porque todavía estamos allá, del otro lado [del río].**
Nache uo'o na uec, pero no tantos, ÿoqo'oye lo que sí, ñaq uo'o yem qoÿiitega Shelxaqloi qataq yi Silvio Rojas, este Silvio Uriburu, nam ÿa'an ÿa'a'n, aha.
**Entonces algunos se contagian, pero no tantos, por eso, lo que sí [sé es**

Imagen 33. Ernesto Segundo.
Foto: Florencia Tola

**que] vive todavía el que llamaban *Shelxaqloi* [en Víbora Blanca, sus hijos son los Díaz] y Silvio Rojas, Silvio Uriburu, los que fueron marcados [por la viruela], sí.**

Nache, a los demás, qaica. Pero ñaq souaqta'atague, de'eda, se'eso el tiempo, cerca del 38, 39, 40.

**Y, los demás, no están más. Pero todavía estábamos del otro lado [del río], allá, en esos tiempos, cerca del año 1938, 1939, 1940.**

Nache, uo'o somaxae se'esotae eco' qapio'ol'ec.

**Entonces, se sabe poco [de] esa viruela, parece chiquitita [comparada con la anterior].**

Cha'aye lo que sí, da se'eso shiỹaxauapi, e'eta, uo'o som qaichoxoren.

**Porque lo que sí, había una persona, así, había uno al que le tuvieron compasión [al que le dieron poder].**

Uo'o so qaichoxoren so shiỹaxaua nache qo'ollaxa qo'ollaxa enapec da laqtac:

**Estaba ese del que se compadecieron [y le dieron poder para salvar], esa persona, y antes, antes, dijo esta palabra:**

"qaami qoqui'i, qaloỹa, uo'o ne'ena napijna qalaxayi qom qavichia yi'iyi auaqpisat ltaraic

**"Ustedes, vayan, miren, existe esa gripe pero cuando lleguen a ese gran pastizal**

nache qanoxon ỹoigui. Nache yi qaaiteua'a nache qaiqui'iua'a.

**entonces métanse adentro. Y, donde entren, prendan fuego [quémenlo].**

Nache sa qaami iqaleguete na'a napijna". Da laqtaxanaxac se'eso shiỹaxaua.

**Entonces, esa gripe no los perseguirá". Éste es el relato de esa persona.**

**Darío Pérez:**

Esta es la segunda viruela porque hubo otra anterior en la que murió mucha más gente. La que está contando es la segunda, como que ya estaban preparados para enfrentarla. Hubo gente a la que mató, pero no fue como la primera que fue más [fuerte]. Muy poco dice que sabe de la primera, fue en 1918 más o menos.

**Ernesto Segundo:**

Ése que se dice, que estamos hablando hoy, raloxo, la viruela, sí, ese es lo que estamos hablando hoy.

---

### *Raloxo*, la maldad de los blancos

Valentín Suarez

*Raloxo* es como viruela, en el día los mataba. En el Ingenio Ledesma apareció y la gente se fue volviendo para Chaco y Formosa, escapando de ella. Y a los que morían ni lo podían enterrar por temor al contagio. Así cuenta mi abuelo, Vailón Suarez, a sus nietos. No sé si es viruela porque, según Vailón (uno de los prófugos es él), el origen es que cerca de la toldería habían tirado ropas nuevas, lindas, de la ciudad. Como la gente [qom] vivía como esclavos en el cañaveral, se impresionaron con la ropa. Pero los primeros que se la pusieron fueron contagiados y, de ahí, toda la familia. No sé si es viruela porque un día dura y al otro día amanece muerto. Cuando se dieron cuenta, muchas de las familias se vinieron desde Ledesma hasta Riacho y dice que se vacunaban. Pero cuando hubo esa epidemia, una tras otra moría la gente. Trataban de vacunarse, pero no sé si se curaban o no. Pero sé que unos se escaparon hacia el este, desde Ledesma. Uno de ellos fue mi abuelo.

Imagen 34. Vailón Suarez.

## *Raloxo* llega a *Huoqauo' lae'*

Laureano Méndez

Huaña ye Huoqauo' lae'. So qolloxoche yi ỹape' iyi Candelario Vega ỹaaxattac qollaxa yi'i yi eso qauo', eso huoqauo, nache na laqtac yi ỹape' eeta yi'iyi huoqauo' lae' netañalo qollaxa soua 2 shiỹaxa'u ỹe'enaxattac ne'ena huoqauo', huoqauo', huoqauo'. Nache qanaxaỹaxa ta'alo 2 se'eso shiỹaxa'u, ỹa'axattape igo', igo'. Nache qanqo'onalo, qanqo'onalo qollaxa. Nache qaipitaxatego da shiỹaxa'u, qache qoỹo se'esoua, qoỹo se'esoua nache da tatrangui yi qauo lae' qaq ye na nỹaq huo'o qache nache no na ỹaxa'attac qache nache no' ne'ena nỹaq nache no na ỹaxaattac ñi huoqauo' porque se'eso shiỹaxaua deetaxaỹapegue so huoqauo' qache ỹaxatta'ape soua huoqauo' 2 eda de'eda na qom qaỹo'oqta nache se'eso shiỹaxaua ua'axaỹa so huoqauo' nache ỹaxa'attac somaxae' qache nỹaq ne'ena uetangui yi'iyi qaim ỹaxa'attac yi'iyi ỹaxaiquiolec nache aỹem da'aqta'ateguem

**El lugar *Huoqauo' lae*. En ese tiempo, mi abuelo, Candelario Vega, [estaba] contando, en ese tiempo, sobre ese [lugar]: *Qauo', Huoqauo'*. Entonces, lo que contó mi abuelo sobre *Huoqauo' lae'* es esto. Había dos personas [no-humanas] imitando al pájaro *huoqauo', huoqauo'*. Entonces, unos hombres escuchaban a esas dos personas que parece que están anunciando que hay peces [ahí]. Así parece. Entonces, fueron [allá] las personas del campamento, ellas creían que eran pájaros [los que cantaban] pero había sido que eran personas, esas dos personas. Y [estaban] al frente de la laguna *Huoqauo' lae'*. Había sido**

**que hay peces [en la laguna]. Había sido que es esto lo que están anunciando [las dos personas no-humanas], anuncian que hay peces. Había sido que es esto. Esto es lo que están anunciando los pájaros, porque ese hombre [chamán] habla con el pájaro. Había sido que anuncian los dos pájaros-personas, ésta es la costumbre de los *qom*. Lejos, entonces, ese hombre escucha a esos pájaros y está contando que había peces en el estero, el ancianito está contando, a mí me contaba.**

Valentín Suarez: eda nache qoÿaachigui
**Valentín Suarez: A ese lugar, entonces, ¿lo nombran de esa manera?**

Laureano Méndez: aha', huoqauo' lae', huoqauo' lae', ñiipiaqa', saishet da lma' na shiÿaxauapi, chochaq ipiaqa', ne'ena netaña qollaxa na qom qollaxa, qaq ne'ena npa'aic na'a. Nache netaña na qom qollaxa Faustino Maza, qataq yi lapi', nache qanaye eeta'a. Nache qaÿaaqtega so huoqauo' qollaxa, huo'o se'eso shiÿaxaua maye deetaxaÿapegue', nache ñaq queta' so huoqauo' da qachi nshetaique da ego' iquiaxan, se'eso shiÿaxauapi da iÿaxa'atega porque se'eso shiÿaxauapi qaica ca chec. Qache nÿaq yemaxa dalaxaateguec se'eso shiÿaxaua. Ntaxaÿapegue qollaxa, nache yi'iyi ÿaxaiquiolec, ÿaxaiquilec l'ÿa, nache lta ÿauana qollaxa da chec, qoÿiitexa huo'o na nÿaq nache anac que'eca ÿaxaiqui l'ÿa nache ueta'a, ueta'a qollaxa, da n'malaxashiguem nataqaen ÿaxaatac qache huo'o na nÿaq, qaq som huo'o ÿaxcaattac eetega qaica na nÿaq, nache anac so shiÿaxaua qollaxa, da naÿa so'o nache ueta'a ana'ana añi lacheugue, nache ueta'a. Nache ñichiguinÿi ÿi laiñi so qom qollaxa, l'ÿoqta ñetaña qaq ye huoqauo lae' qataq ayi lacheugue, nache ueta'a se'eso ÿaxaiquiolec qollaxa, dainaxaatac onoluummc. Nache estos días ñoqochenaq qome', chaaye qoÿitega huo'o na nÿaq. Nache anac se'eso shiÿaxauapi qollaxa nqochen, nqochen, pero saishet da nache neetale na'a qatac naatacda'a, eda, lego' ana lacheugue paictacra'a yi qoÿiitega netaña nagui ñi huo'o so ÿaxaiquiolec netaña na qom qollaxa nache nma' se'eso ua'au shiÿaxauapi qollaxa, eltaxaicpi, eltaxaicpi, chexaqaague de'eda dapiguem, qaitetapeeguet na na daloxo qollaxa, daloxo. Nache uai yi'i ena, yemaxae' qataq uatacda'a yi laÿi, ÿaxaiquiolec qollaxa mas antiguos, yem ÿaxaiqui yi'iyi ÿaxaiquiolec iyi ego' saishet da l'uolec chexaqaeguera na laÿi qom, como Vailon Suarez chexaqaeguera. Nache so yi ÿaxaiquiolec chexaqaeguera Vailon, nache nache natena'aguet se'eso qomlec l'ÿa chexaqaeguera som l'ÿa naaxaÿaxatega nache ai ego' da saxai detaxaÿapega't shiÿaxau' pero que'eca le'enaxat saishet da ñitoonec, saintoonec, ÿoqooye yi ÿaxaiquiolec ÿaxaattac, qalaxaye se'eso le'elaxat huo'o so sain saintonec, nache detactegue ñi ÿaxaiqui nqopittega na'a, aha', nqopittega ne'ena lugar ena. Nache ñi'iñi ÿaxaiquiolec yiguelaq Vailon Suarez [...] naxa da souenate so los años 37, nache netaina qollaxa so ÿaxaiquiolec Vailon, qaÿoqtegue salqoshegue, ÿoqoye so el año 47 sonaqta'aina'a mashe huo'o so nÿec, qaq se'eso saxattac nagui saishe da ÿauanaqchec chocha ña'axaÿaxanaxac cha'aye ÿem da'aqtaxatapeguem, aha', ca na'aaq nache ishet da huo'o ca chegaqa'ague nache am inat nache qonta'a qome da araqtaxanaxac.

Imagen 35. Laureano Méndez.
Foto: Celeste Medrano

Laureano Méndez: Sí, *Huoqauo' lae'*. Lugar de pesca. No es el lugar de las personas [campamento], sino que era lugar de pesca. Donde estaba la gente, un poco más acá. Y había gente [qom] en esos tiempos. Faustino Maza y el abuelo ahí estaban. Y se escuchaba el pájaro. En el campamento hubo un hombre que hablaba con el pájaro y todavía sigue cantando el pájaro. Había sido que quiere, parece, alimentar a esas personas a las que está llamando. Porque la gente no tenía comida. Había sido que son peces lo que ofrece [el hombre-pájaro que anuncia]. Esa persona [no-humana] hablaba con otro ancianito. Y por eso conoció adonde había peces y decían que había peces.

Y viene otro anciano. Viene. Vino y se cambió el color del agua. También está contando que había sido que había peces. Y vino el hombre, viene de allá ese hombre, vive en el Riacho, ahí está. Y de ahí proviene la historia. Entonces, están ahí, en el medio. En esos tiempos realmente ellos estaban en *Huoqauo' lae'*, se quedaban un buen tiempo en el riacho. Y estaba el ancianito pescando con flecha soliiito: "Y en estos días, vamos a cambiar de lugar porque dicen que hay peces [allá]". Vienen esas personas, se cambian, se cambian [de lugar]. Pero no están poblando el lugar, sino que están acá y están allá [en ambos lados], del otro lado del riacho. Había un ancianito. Ahí estaba la gente antes.

Ése era el lugar de las personas. Los que escapaban de *raloxo* vienen del oeste. Estaban huyendo de *raloxo*. Entonces estaban ahí los cadáveres y había más *qom* que murieron al otro lado [Chaco]. El ancianito más antiguo, ese anciano parece que no es [nuestro] pariente, viene de la otra gente, como Vailón Suarez que viene de allá. Vailón, el ancianito, viene de allá. Y hubo encuentro con otro hombre que viene de allá. Está escuchando al hombre y parece que hicieron un acuerdo estas dos personas. Por eso, el ancianito estaba contando, estaba hablando con el otro anciano. Le está gustando este lugar [para asentarse]. Sí, le está gustando este lugar. Y ese ancianito regresa, Vailón Suarez [...].

Cuando recuerdo esos años 1937, entonces [recuerdo que] estaba acá el ancianito Vailón, lejos en el tiempo, mucho tiempo [atrás]. Por eso ya en el año 1947 estamos acá [...]. Lo que estoy relatando no es lo que yo vi, yo solo escuchaba a ese ancianito que me contaba. "El día cuando viene alguien de afuera, si te pregunta, hay que decir así, tus relatos". Yo conté esta historia.

# "La sangre está enojada".
# Viruela y piedras en El Espinillo

Asunción Ceferino

Qomye so qarapi qoỹetega Napiayi le'enaxat. Saishet qantesoqo' ca'a lqaỹa ye qarta'a qoỹetega mpache pioxonaq que'eca. Nache da mpache na raloxoatoc ena nache nvirehuo na lqui'ipi so shiỹaxauapi maye qaỹalauat qollaxa aha. Nataua' yi'iyi lolaxaic, ratauo, nache na ltaxoq se'eso shiỹaxauapi eco' reno', eco' reno' enam na nmalaq ema nchishiguem nache da tajlec ye'e shiỹaxauapi nache nmañe nache qatai' ỹaxaiquiolec qollaxa ñaq nsoqolec doce años nache repachoxon aha. Nache qoỹetega nataren que'eca raloxo. Qataq huo'o cam ndon qollaxa. Lmallaxaua da eco' caỹachaxangue da chaxan negue't ca lata' na raloxo. Nache ca doctor qollaxa ỹachaxan na fluido creolina nache da qanachelaxangui ñi shiỹaxaua nache eco' no'onañi na le'eraxa. Nache huo'o na nqalic qaq na eco' ichiỹauxa da qanataren nache nmichiguiñi. Que'eca na lolaxa qollaxa. Qoỹetega nviralec ne'ena nache da chegaqa'ague da'a nam qom qo'ollaxa nqa'alic nache qoỹetega reno na ltaxoq som shiỹaxauapi maye qaỹalauat qollaxa. Nache so so eco' chigaqaigui dam eda laqtaxanaxac cam eca ỹaxaiquiolec qollaxa. Maye qanqaretega pioxonaq ỹataqta ncat ne'ena lainaxanaxat cam eca. Qoỹetega coma'. Nache da'aqtaxa'atac que'eca ỹaxaiquiolec com qavichia 'aỹem nagui so'onataxa'atac qami ñatareta'ape qalaxaye qomỹoltaq llec jec nache ỹolta nqochen qome ca no'onataxanaxac nache aỹem sa saỹaten de'eda ỹonataxanaxac da nache queta o ỹoltaq ỹaqa'a que'eca no'onataxanaxac'. Nache ye na'ac da seuenataxattac nache ca seviragaguet da qomi vangelio nache ca sauattonac cam dios maye lo'onatac qollaxa nam ena.

Este, nuestros abuelos dicen que... *Napiaye* era su nombre. Ah, no. Nuestro tío, hermano de nuestro padre. Decían que cura eso, que era chamán. Y cuando cura al enfermo de viruela entonces se le aparecen los espíritus de las personas que fueron muertas por esa [enfermedad]. Sí. Rodean al enfermo, lo rodean, y la sangre de esas personas parece [estar] enojada, parece enojada. Aparece como un humo, está humeando y cuando [el humo, los espíritus de los muertos] llega a donde están las personas, las afecta a todas.

Entonces, ese ancianito era jovencito, tenía doce años y ya curaba. Sí. Y dicen que curaba esa viruela. Y tenía su don. Se comunicaba [con algún no-humano] y parece que le mostraban cuál era el remedio para la viruela. Y el doctor le mostró el fluido, la creolina, y cuando se baña a la persona parece que queda sin fiebre. Entonces hubo quienes se salvaron y parece que a los que no les alcanza la curación, murieron. Esa enfermedad de antes dicen que llegó hasta acá [*ele' lpata'c*, El Espinillo, Chaco] y vino de allá [oeste, *rapiguem*].

Los *qom* de antes se salvaron y dicen que se enojaron las sangres de las personas que [la enfermedad] mató. Y de ahí parece que se produjo eso [surgió más enfermedad]. Así dijo ese ancianito de antes, al que le llevaban a los pacientes, el chamán. Realmente él sacaba la saeta [el bicho] de esa [enfermedad], dicen que [era] una piedra. Y contaba ese ancianito cuando llegan [los pacientes]: "Yo ahora estoy trabajando, los estoy curando a ustedes, pero cuando esto se vaya [cuando pase esta enfermedad], ahí yo no sé si mi trabajo seguirá o si cambia mi trabajo y será otro [si aparecerá otra forma de curar]". Y hay días que pienso y hemos alcanzado a ser nosotros evangelio [apareció el evangelio como alternativa para sanar a los enfermos] y ahí conozco que hay un Dios que hizo todo esto.

# Tercera Parte

# Entreverados.
# Conflicto por la tierra,
# lucha por la vida

Comiendo con *conec* [concha de río] *pogoxosoxoi* [cascarudo].
Foto: Valentín Suarez

# Ocupación y puesta en producción de la tierra. Organización del territorio conquistado (fines siglo XIX-1955)

Leandro Moglia

Finalizada la guerra contra el Paraguay en 1870 y ante la necesidad de organizar la forma de ocupación de los territorios, el Presidente Sarmiento creó —por Decreto del 31/01/1872— la Gobernación del Chaco con capital en Villa Occidental y a cargo del General Julio de Vedia. Poco después, la Ley N° 576 de octubre del mismo año, ratificó la medida anterior y determinó la jurisdicción de esta Gobernación, la instalación de las autoridades, la organización de la justicia de paz y comisiones vecinales y sentó las bases para una futura distribución de la tierra entre los pobladores[28].

Más adelante, la Ley N° 817 de Inmigración y Colonización dictada en 1876 por el Presidente Avellaneda aseguró el desarrollo de la política inmigratoria y colonizadora en el ámbito nacional y, con ella, se fijaron las características del trazado de las futuras colonias, su administración y las condiciones de adjudicación de las tierras (Beck 1997: 4). Esta ley sirvió para complementar y completar el proceso de ocupación del territorio chaqueño. Si bien esta ley estableció diversas maneras de llevar a cabo la instalación de los inmigrantes[29], dos de ellas se impusieron. La primera fue la colonización oficial, mediante la cual el Estado debía ocuparse de la selección de los terrenos, su mensura y subdivisión, de la construcción de edificios

---

28  Existe sobre este tema abundante bibliografía, ver Altamirano *et al.* (1987) Beck (1997), Maeder (1996), Miranda (1980), entre otros.

29  La inmigración establecida por esta ley era aquella considerada artificial, es decir, producto de la promoción, traslado e instalación por parte del Estado o particulares (Beck 2001: 14).

públicos y del traslado de las familias y suministros para su sostenimiento30. De este modo, se propició la ocupación del paraje San Fernando, actual ciudad de Resistencia. Además, en enero de 1879, se fundó la colonia Presidente Avellaneda, situada al norte del Arroyo del Rey, frente a Reconquista (1872). Otra colonia de carácter estatal fue Formosa, que debió recibir a los antiguos pobladores de Villa Occidental[31].

La segunda manera de llevar adelante la colonización consistió en que el Estado cedió a particulares o empresas 40.000 hectáreas con la obligación de instalar allí, en el término de dos años, 140 familias agricultoras a las cuales se les otorgó 50 hectáreas. Además de las tierras, el consignatario facilitó a las familias los elementos necesarios para su subsistencia. De esta manera, se generó la fundación de tres colonias al sur del paralelo 28° —Las Toscas (1884), Florencia (1884), Villa Ocampo (1885)— en cercanías de Avellaneda, y cuatro al nordeste del territorio y próximas a Resistencia —Colonia Benítez, Colonia Popular, Colonia Margarita Belén y Colonia Amalia[32].

El marco jurídico por el cual se debió regir el territorio se dio el mismo año de la gran campaña contra los indígenas realizada por el General Benjamín Victorica, y fue la Ley N° 1532 de 1884 que modificó administrativa y espacialmente el territorio. De acuerdo con ella, el territorio se dividió en dos gobernaciones separadas por el río Bermejo: la del Chaco, con su capital Resistencia y el de Formosa, con su capital homónima. Otra reforma significativa consistió en establecer como nuevo límite sur el paralelo 28°, por lo cual las colonias Villa Ocampo, Florencia, Las Toscas, Avellaneda y Reconquista quedaron bajo la jurisdicción de la Provincia de Santa Fe[33]. Esta ley también se ocupó de establecer el aparato político-administrativo de los territorios. Al mismo tiempo, se reglamentaban las atribuciones del gobernador, el funcionamiento de la secretaría de la gobernación, la justicia de paz, de las comisiones municipales y de la justicia letrada.

La población que se instaló en un primer momento en los espacios que estableció la legislación o de modo espontáneo fue migrante en su totalidad, aunque con orígenes diferentes[34]. Con la instalación de los inmigrantes en los lugares destinados

---

30 El terreno a ocupar debía medir 20 km. de cada lado, es decir que poseía una extensión de 40.000 hectáreas subdivididas en 400 lotes de 100 hectáreas, más una reserva de 4 lotes centrales destinados a urbanización. Ver Beck (2001: 15).

31 Sobre el tema ver Beck (1996) Geraldi (1979: 110) y Schaller (1986).

32 Para una mejor aproximación al proceso de ocupación y fundación de estas y otras colonias remitirse a Schaller (1986).

33 El límite sur del Chaco fue modificado por ley 1894 de 1886 y establecido en el paralelo 28° (Beck 1996: 8).

34 Cuando se hace referencia a orígenes es en el sentido de explicar la nacionalidad de la población que se instaló en el Chaco. Es necesario hacer esta distinción, por cuanto no todos los habitantes son extranjeros (americanos o europeos), predominando los migrantes nacionales. Sobre las características de composición social del Chaco ver Osuna (1977).

se constató que dichos sitios no eran los más apropiados para su asentamiento y para el desarrollo de actividades agropecuarias[35]. Por este motivo, en un principio las ansias y expectativas chocaron con el desconocimiento de un medio que se presentó hostil[36]. A esto se sumó la desatención del Estado y de los Concesionarios en lo relativo a las funciones y obligaciones establecidas por la Ley 817. Asimismo, y sumado a lo anterior, la difícil coyuntura interna influyó para que el movimiento colonizador se detuviera[37].

A pesar haber sufrido el desamparo y/o abandono de los concesionarios, las colonias que fundaron los hermanos Félix y Manuel Benítez, (Margarita Belén y Benítez), con familias españolas, italianas, francesas y austríacas lograron mantenerse y afianzarse en el tiempo, transformándose en verdaderos polos productivos.

Suerte parecida sufrieron las colonias oficiales que, gracias a la cercanía de otras ciudades y la presencia de fuerzas militares que promovieron el comercio, hicieron que se consoliden. A estos factores se sumó el hecho de que Formosa y Resistencia fueron cabeceras de gobernación y allí se instaló un cuerpo administrativo que pudo gestionar de manera acelerada los requerimientos de los vecinos.

A principios del siglo XX, un nuevo cuerpo legislativo vino a compensar los errores de la Ley N° 817, pero también a generar un nuevo proceso de expansión de la frontera y la obtención de nuevas tierras destinadas a la colonización. Sin embargo, la expansión también fue acompañada por una serie de hechos significativos. Entre las leyes, cabe destacar la Ley de Tierras N° 4167 de 1903 y la Ley de Fomento de los Territorios Nacionales N° 5559 de 1908. Esta última significó la extensión del Ferrocarril de Barranqueras-Metán y su empalme con el Ferrocarril Central Norte Argentino que desde Quimilí (Santiago del Estero) avanzó hasta Avia Terai[38]. A estos hechos se le sumaron las campañas militares de pacificación del territorio de 1907 y 1911.

A raíz de este avance de la frontera, la amplia disponibilidad de tierras con-

---

35  La referencia a sitios designados hace alusión a la gran propiedad que destinaba el Estado o los Concesionarios para la instalación de las colonias. No será hasta después de 1890 cuando las mensuras se comiencen a realizar y se legalicen las ocupaciones.

36  Hubo algunas colonias que contaron con comunicación a través de los ríos Paraguay y Paraná hecho que sirvió para solucionar su aislamiento (Beck 1996: 9).

37  La crisis económica de 1890 que tuvo su origen en la Argentina pero repercutió también en Europa significó, por un lado, el desamparo de aquellos colonos ya instalados en primera instancia y, por otro, el abandono de muchas de las concesiones otorgadas para ser ocupadas pero que no instalaron inmigrantes. Sobre la situación y desarrollo alcanzado por las Colonias, ver Schaller (1986).

38  Como consecuencia del avance del ferrocarril se formaron varias colonias a la vera de las vías (Campo Largo, Corzuela, Charata, Las Breñas), en los alrededores de las estaciones de reabastecimiento (Lapachito, Presidencia de la Plaza, Machagay, Quitilipi, Presidencia Roque Sáenz Peña, Gancedo, General Pinedo) y finalmente, aquellas colonias que tuvieron como base a fortines: Puerto Bermejo, Puerto Expedición, Presidencia Roca, Makallé, Laguna Blanca, Comandancia Frías (Beck 1996: 41-42).

dujo a que durante el período de 1914-1947 se produjera el mayor crecimiento demográfico del país. Dicho crecimiento se vio fomentado además por la oferta de tierras fiscales, por la expansión del cultivo del algodón movilizado por el avance del mercado interno y la industria por sustitución de importaciones. La presión poblacional de dicho período condujo al gobierno nacional a decidir la creación de nuevas colonias agrícolas orientadas en la diagonal noreste-suroeste del territorio, es decir, en la región agrícola por excelencia, pero en los espacios "vacíos" o mediante la subdivisión de las propiedades privadas.

Una de las estrategias que el Estado Nacional buscó para mitigar las consecuencias de la Segunda Guerra Mundial en la región pampeana[39] fue la sanción de la Ley N° 12.636 sobre colonización nacional[40] que creaba el Consejo Agrario Nacional (CAN) el cual absorbió a la Dirección de Tierras. Esta institución buscaba continuar con el fomento de la colonización a nivel nacional y aspiraba a restituir y consolidar la estructura agraria nacional. Para el Chaco, el problema era la dificultad de los colonos para acceder a la propiedad de la tierra que ya se encontraban explotando. Se estima que existían aproximadamente 30.000 expedientes en trámite.

En ocasión de realizarse el V Congreso Agrario Cooperativo Argentino (1946), la sesión inaugural fue presidida por el Presidente de la Nación, Juan D. Perón, quien en su discurso expuso sus ideas sobre la reforma agraria "[…] entendemos que la tierra no debe ser un bien de renta, sino un bien de trabajo y defendemos el derecho de los que trabajan la tierra a obtenerla en propiedad mediante el producto de su trabajo […] es necesario facilitar a los agricultores la adquisición de los predios que ocupan mediante el crédito oficial asignando al Banco de la Nación una misión preponderante en tal empresa […]" (La Voz del Chaco 1945: 2).

Desde el punto de vista institucional, la década de 1950 tuvo un comienzo trascendental por cuanto el Territorio se transformó en provincia mediante la sanción de la Ley N° 14.037 de Provincialización de los Territorios de Chaco y La Pampa[41]. Cuando la Provincia Presidente Perón se institucionalizó a partir de febrero de 1953, se abordó en primera instancia el problema de la tierra pública y se sancionó la Ley N°16 de Tierras Fiscales que reprodujo, de modo casi textual, el texto de la ley nacional de 1950. Para lograr el objetivo que se propuso dicha ley, se creó la Dirección Provincial de Tierras Fiscales y un Consejo de Tierras Fiscales. En un principio, esta

---

39 La Segunda Guerra Mundial se tradujo para el agro argentino en la expulsión de arrendatarios, retroceso de la producción cerealera, avance de la ganadería sobre la misma superficie, la reducción de las superficies de las chacras, la caída de la mano de obra rural asalariada y finalmente la continuidad y profundización de la migración rural a las zonas urbanas industriales iniciada en la década de 1920.

40 REPÚBLICA ARGENTINA. Boletín Oficial, *Ley N° 12.636 sobre colonización nacional*.; Año XLVIII, N° 13829, 18/09/1940. Pp. 12405-12408.

41 REPÚBLICA ARGENTINA. Boletín Oficial. *Ley N° 14.037 de Provincialización de los Territorios de Chaco y La Pampa.* Año LIX, 10/08/1951. Pp. 1.

institución debió comenzar una compleja tarea de legalización o protocolarización de lo existente. Finalizada esta tarea, la Dirección cumplió con su objetivo y entre los años 1953-1955 creó diversas colonias. Respecto de la regularización de las posesiones, fueron solamente 276 títulos de lotes rurales los que se entregaron (Schaller 2010: 49) y ninguno correspondió a indígenas.

Una de las iniciativas más llamativas que desarrolló el gobierno provincial y que estaba destinada a que el indígena trabajase la tierra y comercializara su producción fue la de incorporarlo al movimiento cooperativista. Para eso, se intentó fundar una cooperativa agrícola que fuese administrada por los indígenas aunque bajo la supervisión del gobierno. Esta decisión estuvo en consonancia con el desarrollo de conceptos que propendieron "[...] a la reivindicación del aborigen y asegurar su incorporación como ciudadano de la nueva Argentina" (Giordano 2003: 10). Para ello, en 1954 se creó la Dirección Provincial de Acción Agraria y Colonización para la Readaptación Indígena. Se planeó ubicar esta cooperativa sobre los terrenos correspondientes a la expropiación de la empresa Comega del Grupo Bunge & Born, en cercanías de la localidad de Pampa del Indio. Para llevar adelante esta iniciativa, se dispuso entregar 81 unidades productivas de aproximadamente 20 hectáreas cada una. Estas chacras debían producir algodón y éste debía ser comercializado a través de la mencionada cooperativa. Con esta estrategia se buscó que "[...] los aborígenes se incorporen de modo definitivo a la fuerza productiva del agro peronense, satisfaciendo las esperanzas que ellos se habían puesto al crearles dicha institución" (El Territorio 1955: 2). Al mismo tiempo, se planeó generar más iniciativas como ésta, próximas a las localidades de Tres Isletas y Villa Ángela, zonas "[...] ideales para el cultivo del algodón, y en cercanías de otros grupos étnicos que los incitarán con el ejemplo de una permanente superación de condiciones de vida a los aborígenes" (El Territorio 1955: 2). Lamentablemente, aunque la primera entidad se organizó bajo la denominación de *Cooperativa Aborigen de Pampa del Indio*, no logró obtener personería jurídica por cuanto contradijo específicamente el artículo 11 de la Ley 11.388 de 1926, sobre la neutralidad étnica para participar de la misma.

Independientemente de lo desacertadas que, a nuestro parecer, fueron estas opiniones, las mismas no hicieron más que manifestar la concepción que en el imaginario de la época se tenía sobre el indígena, considerado como una persona incapaz y carente de iniciativa. Por esta razón, el Estado debía tener una actitud paternalista-protectora hacia él. Otra de las razones que explican el fracaso de la iniciativa fue que el responsable de la Dirección Provincial de Acción Agraria y Colonización para la Readaptación Indígena "[...] llamó a los aborígenes de la zona a una asamblea y dijo, estamos para constituir una cooperativa agrícola y procedió a la elección del consejo de administración de la siguiente manera: usted es presidente, y usted el síndico, y usted secretario, y usted etc. [...]"[42]. El relato de la fuente

---

42 PROVINCIA DEL CHACO (1958). Convención Constituyente. Diario de Sesiones del 30 de noviem-

citada da cuenta de que probablemente no existió real interés de los indígenas en participar en una cooperativa agrícola, aun cuando los mismos ya se dedicaban a la producción de algodón. A ello se suma que muchos, si no todos los indígenas, no sabían leer ni escribir, razón por la cual su desempeño al frente de la entidad estaba altamente condicionado.

bre de 1957. Resistencia, Imprenta Moro, p. 28.

## Los *qom* compran tierras con cueros de animales

Asunción Ceferino

Ceferino candelario lqaẏa ye'etai' Ceferino Castro lta'a ñi Cornelio.
**Ceferino Candelario [padre de Shonshona] es el hermano de aquelcito Ceferino Castro, el papá de Cornelio**
Ranqai' le'enaxat. Ranqai' da nloshet.
**Su nombre es Ranqai'. Su nombre es Ranqai'.**
Qomye Asunción Seferino dam ẏe'enaxat.
**Y mi nombre es Asunción Ceferino.**
Qomye Shonshona dam ẏe'enaxat ẏaqaẏa ñe'etai' Antonio eñe nache ẏaqaẏa. Nache iviralec ye'eye qarapi.
**Y mi nombre es *Shonshona*, soy hermana de esecito Antonio, ese es mi hermano. Y alcanzó [a conocer] a nuestro abuelo.**
V: ¿él alcanzó todo?
S: aha', ividalec ena'am yi'iyi shiẏaxauapi, qollaxa deshenaxana ne'ena alhua.
**Si, alcanzó parece a esas personas, antes, que compraron [que consiguieron] esta tierra.**
Yi ẏaxaiquipi qollaxa deshenaxana na alhua taicruum qoẏetega 6 meses taua'a cam Gobierno cam hua'au ẏaxaiquipi denataxalec dam qoẏanem ana'ana alhua
**Los ancianos antiguamente compraron la tierra, fueron lejos, dicen, seis meses [viajaron], se fueron a reunir con el gobierno, aquellos ancianos preguntaron si les dan esta tierra**
Taique da (shetaique da) qollaq ime de'eda nalataguec yem qarapi' qolloxochiyi qaica

ca nchoxoretague' na shiỹaxauapi. Nalattaguec nalate' na enauac.

**Querían que cuando terminara esa matanza [la Conquista], nuestro abuelo no se quería con ninguna persona [de otros grupos y con los blancos], guerreaba, guerreaba con todos.**

So shiỹaxauapi nalate' na roqshe,

**Esas personas peleaban con los blancos,**

yem ỹaxaiquiolec qolloxochiyi nañan, nman.

**este ancianito se entregó, busca la paz.**

Nache enac cam ndios qollaxa da: "nache tachiguiña qollaxa da'a nleuaxa. Da'alaxaic da qanañan cam nsoxoyic".

**Entonces dijo su Dios: "entonces hasta aquí que termine esta matanza. Se manda algo nuevo que es la paz".**

Nache nman na shiỹaxauapi, eda da laqtac yem ỹaxaiquiolec.

**Entonces los grupos tienen paz, esta es la palabra del ancianito.**

Sa qaỹashen qollaxa, huo'o ne'ena laỹe qalaq que'eca ỹaxaiquiolec taỹa que'eca sa qaỹashena. Nache nmatac que'ecatai' qarapi'.

**No querían [que se vaya], había otras personas [compañeros] y este ancianito se fue igual a donde quería ir, [aunque los otros] no querían. Y está pidiendo la paz nuestro abuelito ese.**

Nache ime da nalataguec namayepi.

**Ahí termina la matanza de estos [*qom*].**

Tras conversar con Asunción Ceferino, Valentín Suarez me sintetizó las palabras de la anciana:

Nuestros abuelos fueron [hasta Buenos Aires] para pedir que les dieran la tierra. Esto ocurrió cuando terminó la matanza de nuestros abuelos, La Guerra. El líder de la tribu, *Meguesoxochi* junto con Burgos y otros que entendían castellano procuraron buscar la paz y hablar con los blancos. Esto lo hizo por orden de su compañero que no era humano porque *Meguesoxochi* era un *oiquiaxai* y tenía poder para comunicarse con muchos seres. Su compañero le dijo que tenía que terminar la muerte y que tenía que haber paz.

Este anciano decidió ir donde estaban los blancos y los otros *qom* no querían que se fuera solo porque era peligroso. Él no les hizo caso y se fue al lugar donde los otros no querían que se fuera. Cuando llegó a donde estaban los blancos, ofreció cosas para vender (porque le pidieron plumas y cueros de iguana, nutria, lobo, cera hasta cresta de garza) y a partir de ahí cesó la muerte, porque antes a los que agarraban los mataban. Era terrible. Con esos cueros ellos compraron la tierra. Terminó así la matanza de los blancos.

# "La zona nuestra no es de acacito". Lugares antiguos de los antiguos y la llegada de Dios

Ernesto Segundo[43]

Yo me acuerdo que el grupo de mi papá es el que se llama *ỹolo*. Había otro que se llama *huaguilot*. Después hay otra gente pero poco me acuerdo. Solamente recuerdo el nombre de los ancianos. Los *ỹolopi* también están en Chaco. Mi papá era José Segundo (1), en toba es *Sheroxochi*. Vivimos en Fortín Lavalle en el año 1930 porque había escuela. Hubo escuela y fuimos a la escuela. Después vinimos para estos lados, ahora Riacho de Oro, porque también tenemos familia de estos lados, la familia de mi tío Juan Ignacio Mansilla (2), que es *Quinaxauaic*. Es hermano de mi mamá, Ramona, que en toba es *Nasaxaque*. En tiempo de Perón, cuando enrolaron a todos, les dieron nombre en castellano. *Nasaxaque* es hermana de Juan Ignacio. Tenía otro hermano, el viejo Gorostiaga (3) y otra hermana que se llama *Taỹauec* (4), ésa es la hermana de Mansilla. Tenía unas cuantas crías [hijos] y nietos. *Quinaxauaic* no es *huaguilot* sino que se dice *oxoỹaxaic* [manso].

A esa gente les decían "mansos" porque en tiempo de Guerra ellos se van dónde están los criollos, no querían pelear. Acá vivían, en *Poxoỹaxaic 'alhua* [Santo Domingo]. Se quedaban ahí. El hermano que quedó era Gorostiaga, era *pi'oxonaq* [chamán]. El hermano tenía un santo pero ese santo así de largo, pero no es compra-

---

43  En 2008 registré esta historia y mientras relataba, para sorpresa de todos los presentes (todos ellos *qom* de Riacho de Oro) Ernesto sacó de su camisa una bolsa de plástico en cuyo interior había unos papeles. En ellos el anciano había escrito los nombres de los lugares que él conoció y que pertenecían al territorio ancestral del grupo al cual pertenecía.

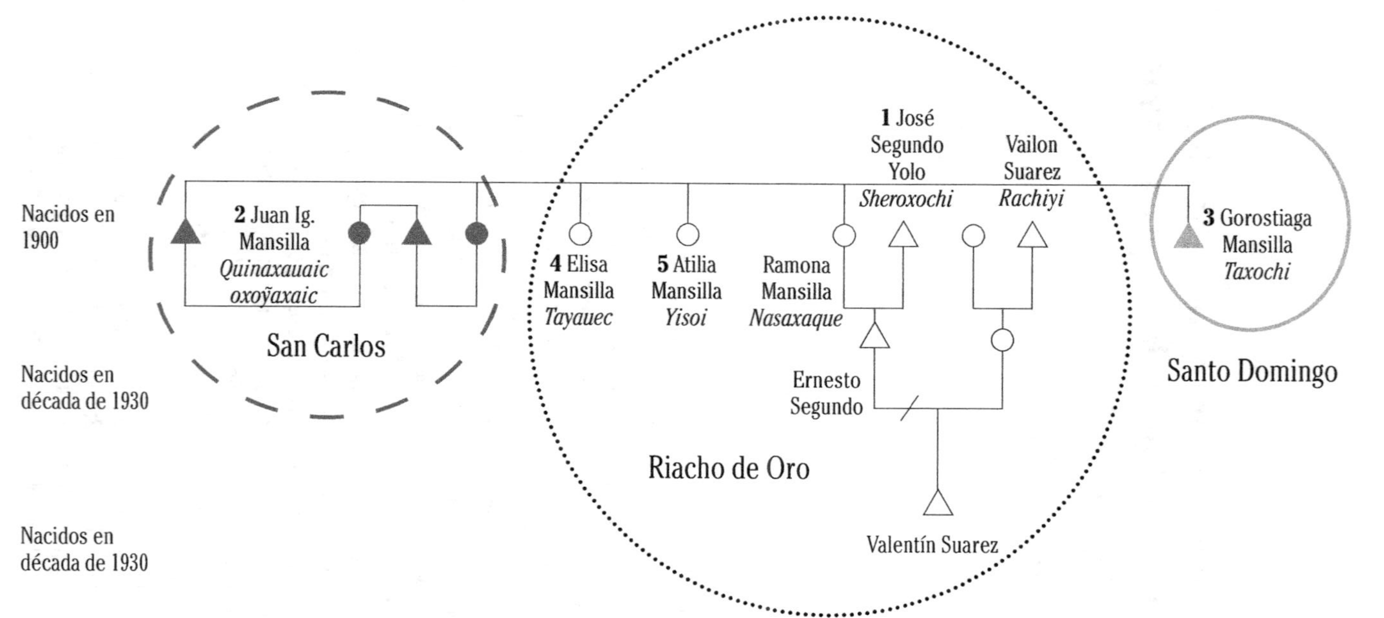


Genealogía de ancianos de Riacho de Oro.

Imagen 36. *Quinaxauaic.*
Cortesía de los *qom* de San Carlos

do, sino encontró en un camino de allá. En un camino. Encontró como en un árbol, en un quebracho, estaba ahí. Pasaba y lo vio, él entonces agarró y lo llevó y cuando viene acá algunas veces, el santo hace ruido, había sido que se fue. Por eso, *Poxoȳaxaic 'alhua* quiero que sea Santo Dios porque ahí vive ese hombre. Y cuando viene el santo también hace ruido, trae algo de noticia y la gente está tranquila siempre. Así.

El santo parece *shiȳaxaua* [persona], puede irse y cuando viene, se aparece como santo. Viene como santo. Viene de Dios, por eso no trae mala noticias. Habla lo que la gente quiere venir [...]. El mismo Gorostiaga enterró ahí. Gorostiaga se llama *Taxochi.* Quedaron los hijos, el chico que estaba acá cerquita [...].

Hay gente que escuchó así, no puse palabra en castellano porque en ese tiempo no hay palabra en castellano. Nada, nada. Hay castellano [blancos] pero vienen de Salta. Pero ya terminaron [murieron] todos. Esa gente, castellano [blanca], nosotros decimos *doqshelec.* Pero la palabra nuestra es *nanoiguel'ec*; cristiano. La palabra nuestra así es.

Bueno, vamos a volver otra vez. En la [zona de la actual] escuela vive [antiguamente] mi hermana *Yisoi,* Atilia Mansilla (5). Ella vive donde está la escuela, vivía. Gracias a Dios que el mismo lugar ocupó un pastor que vive en Formosa y que se llama Juan Drin. Pero no es formoseño, viene de Inglaterra. No vino solamente, Dios envió, bajaron en El Espinillo los cinco líderes del Evangelio. Los cinco líderes de Evangelio enseñando ahí a la gente y le cortan un pedacito de papel y escriben letra por letra de la Santa Escritura. Entonces, cuando vienen los *huataxanaxaql'ec* [militares], le muestran y el militar no dice nada porque vio lo que está escrito. Eso es lo que salvó a nuestros abuelos. Una lucha tremenda. Como respeto cuando vio [el papel]. Medio se calma la cosa armada. Parece que la gente, el *huataxanaq* [militar] conoce que toda la gente [*qom*] ya son cambiada [aceptaron el Evangelio][44]. Los cinco líderes son Tomás Palmer, Juan Drin, Alberto Buckwalter, Juan Lagar y Chur. Están llevando la palabra de Dios. La gente ya cree en Dios. Aceptan porque el libro que traen, la Santa Escritura, es más poderosa que cualquier libro. Por eso, nuestros abuelos, parece nada esa ignorancia, parece nada. Porque la palabra de Dios que traen ellos es más poderosa. [...] Preguntando sobre en todo este lugar entero, eso es lo que yo pensaba, pero lo que ahora hablamos acacito nomás. Por eso, yo siempre estoy preparado porque estoy escuchando algo. La zona nuestra no es de acacito. Todo alrededor, hasta cerca del Colorado, hasta donde pasa la gente que se dice [Km.] 503, ahí vive la gente. Esto es lo que yo copié. No pongo ni una palabra castellana. Porque todos estos son nombres de lugares hasta Fontana, Colorado y Km. 503:

*Qoq satangui* (Laguna de las cañas)
*Nasherot lae'* (Donde abunda la gallareta)
*Qarol lae'* (Laguna donde abunda el bagre)
*Moqoit lqaixo* (Cabezas de mocoví)
*Qa'alaq laloxonaxaqui* (Donde nada el aguará guazú: el Bermejo hasta Salta)
*N'vi satangui* (Laguna donde abunda la planta *nvi'*)
*Mala' lapel* (Laguna del encatrado)
*Pitoqte* (Pelota del árbol, monte muy antiguo en donde hay estos árboles)
*No'onaxa loxoraic* (Campo largo)
*Rilliquic lapel* (Laguna de palo santo)
*Pioq' laỹi'* (Laguna de los perros)
*Chiguishi lae'* (Laguna de la nutria)
*Euaxae lamo* (Donde nace el Salado)
*Poxoỹaxaic 'alhua* (Tierra quebradiza)
*Daña'alec lacheugue* (Riacho de Oro)
*Salaxasat tangui* (Donde abunda el sauce, Perín)
*Qaya lapel* o *qayalae'* (A 15 km. de Perín)
*Cachegoxosoxoi lapel* (Laguna del pestañeo)
*Cos late'e lae'* (Donde abunda el chancho casero)
*Chaic maqai* (Palma curvada, llamado La Sierva)
*Olxoqle' lacheugue* (Riacho de la gallinita)
*Co'oichaxaqui* (Nido)
*Daỹam satangui* (Tunales, cerca de Margarita)
*Qoman* (Laguna grande)
*Na'ataxanaxaqui* (Letrina)
*Chiguishole' lapel* (Laguna de la nutriecita)
*Chipia'apigui* (Campo donde relampaguea)
*Huaqa llegueta'* (Paso de las vacas, Km. 503)

---

44 Ver relato "Iglesia y escuela…" de esta Parte.

Desde Fontana y el Río, todo [estaba] nombrado por acá, de Fontana hacia el río y de este a oeste del río [Bermejo].

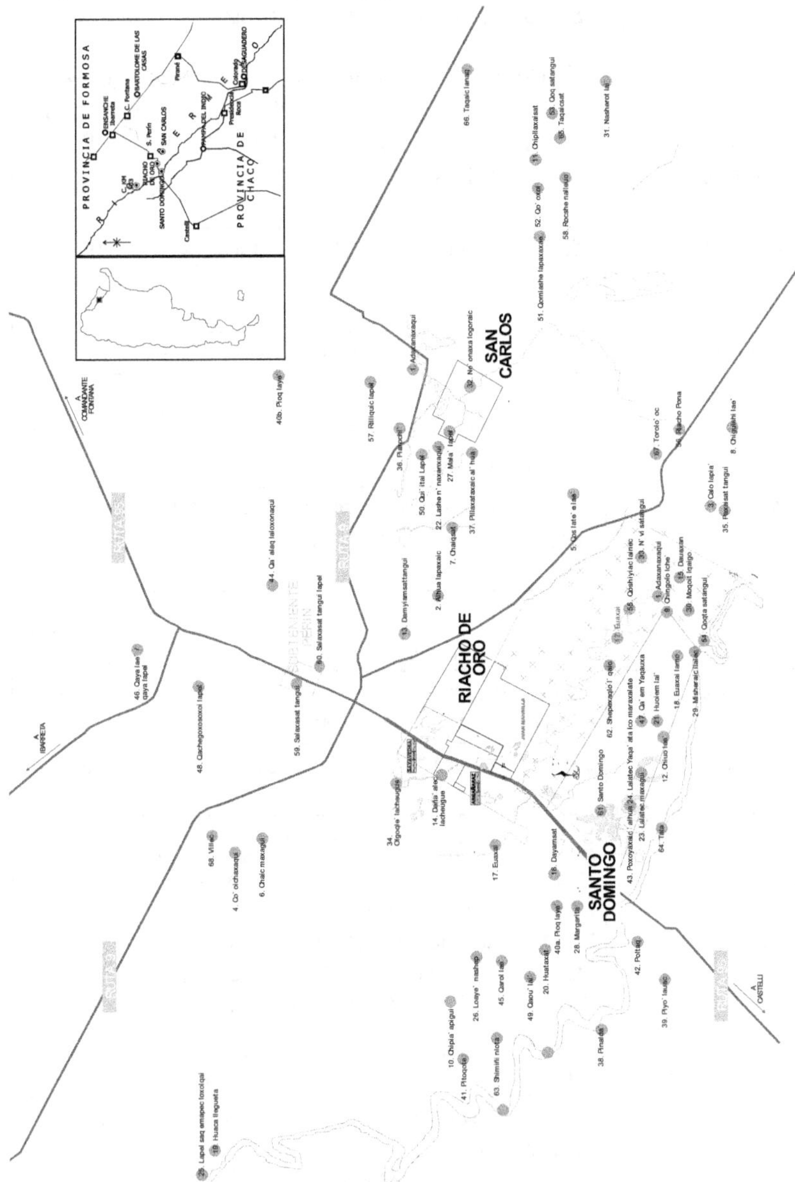


Imagen 37. El territorio nombrado del centro de Formosa.
Adaptación del mapa *Historias de los lugares...* de Carlos Salamanca (2011)

<table>
<tr><td colspan="2">Topónimos de la zona de Riacho de Oro (RdO), San Carlos (SC) y Santo Domingo (SD) relatados por:<br><br>Ernesto Segundo (ES, RdO), Laureano Méndez (LM, RdO), Valentín Suarez (VS, RdO), Félix Suarez (FS, RdO), Mauricio Maidana (MM, EE), Julia Mansilla (JM, SC), Pablo Floricel (PF, SC), Amado Álvarez (AA, SC), Amalio Diarte (AD, SC), Celestino Gómez (CG, SC), Rafael Mansilla (RM, SC).</td></tr>
<tr><td>'Euaxai lamo</td><td>VS, ES: nacimiento del Salado. A donde nace y termina el Salado<br>Varios SC nombraron</td></tr>
<tr><td>Chaic maqaic</td><td>VS, ES: Palma curvada, la gente lo llama La Sierva</td></tr>
<tr><td>Co'oichaxaqui</td><td>ES: nido<br>FS: al sur de qachegoxosoxoi lapel</td></tr>
<tr><td>Qoman</td><td>ES: laguna grande</td></tr>
<tr><td>Pona</td><td>VS: donde mariscaba la gente, pescaban, hasta ahora se van a pescar la gente de SC y RdO. Hoy es campo privado<br>FS: A 15 Km. al este de RdO</td></tr>
<tr><td>'Euaxai</td><td>ES: salado</td></tr>
<tr><td>Tala'</td><td>Varios de SC: río colorado</td></tr>
<tr><td>No'onaxa logoraic</td><td>ES: Campo largo<br>FS: al este de SC, atrás de la laguna</td></tr>
<tr><td>Lalatec</td><td>ES: laguna dejada por el río cuando se traslada, antiguo cauce del río</td></tr>
<tr><td>Poxoỹaxaic alhua'</td><td>ES, FS, VS: Tierra quebradiza (SD)</td></tr>
<tr><td>Da'añalec lacheugue</td><td>Actual RdO<br>ES: pasto tipo colchón que crece en la laguna<br>VS: Riacho que nunca se secaba, hasta que había camalote o embalsamado y lo llamaron da'añalec Lacheugue<br>Varios de SC iban a pescar porque casi no hay barro y se marisca pescado</td></tr>
<tr><td>'Alhua lapaxarai</td><td>Varios de SC: tierra blanca, hay no'onaxa y haviaq nlot</td></tr>
<tr><td>'Ama' lasot</td><td>Varios de SC: agua dulce, en el río salado hay agua dulce, cruzan por ahí al Chaco<br>PF: es en el puesto de Eunuco Nieva<br>MM: así dice un hombre cuando le gusta una chica</td></tr>
</table>

| | |
|---|---|
| *'Ele' lpata* | El Espinillo |
| *Nasherot lae'* | ES: lugar donde abunda la gallareta (*nasherot*) o ave del agua de copete rojo |
| *Qarol lae'* | ES: laguna donde abunda el bagre<br>Varios de SC iban |
| *Qa'alaq laloxonaxaqui* | ES: donde nada el aguará guazú (el Bermejo hasta Salta), no hay tigres donde abunda el aguará guazú |
| *Pitoqte* | ES: monte donde abundan los árboles que tienen una parte como una pelota<br>MM: *pitoqoote* o monte antiguo<br>Varios SC lo nombraron |
| *Relliquic lapel* | ES: laguna de palo santo<br>Varios de SC: laguna con palo santo, de pesca |
| *Chiguishi lae'* | ES: laguna donde abundan las nutrias |
| *Chepllaxaisat* | PF: tacuruzal, donde hay mucha tacuara (historia Las fugitivas)<br>Varios de SC lo nombraron |
| *Pagaxaisat tangui* | ES: monte de palo lanza (*pagaxaic*) o palo blanco<br>FS: Al este de *euaxai lamo* |
| *Chipiaxaisat* | Varios de SC: hay tacurú o hornos de tierra |
| *Villec* | VS: lugar de la caza. Hay un árbol llamado *villec* al que suben cuando van a cazar *mañic* (ñandú) |
| *Salaxasat tangui* | pueblo Subteniente Perín<br>ES: donde abunda el sauce, sauzal<br>Varios de SC: lagunita con abundante palo liso |
| *Pio' lauaq* | Varios de SC: caranchillo, nido de *pio'*. Dejan los pichones, cerca de un fortín en época de guerra |
| *Daỹamsat* | ES: tunal<br>VS: actual lugar Margarita, donde abundan las tunas (*daỹam*), antiguo asentamiento *qom* de la época en la que las tribus iban de SD, hasta allí, se iban a Margarita más que nada en época de pesca<br>Varios de SC lo nombraron |
| *Qaỹa lae' o qaỹa lapel* | VS: lugar donde abunda el pájaro carao (*qaỹa*)<br>ES: laguna<br>FS: 15 km. al norte de Subteniente Perín<br>Varios de SC: donde hay carao |

| | |
|---|---|
| *Cos late'e lae'* | ES: donde abunda el chancho (*cos late'e*) |
| *Chiguishole' lapel* | ES: laguna de la nutriecita (*chiguishole'*)<br>Varios de SC: *chiguishi lae'* donde hay nutrias |
| *Cachegoxosoxoi lapel* | ES: Laguna del pestañeo (*cachegoxosoxoi*) |
| *Huoiem lae'* | VS: laguna y monte donde viven los monos, cerca de El Ceibal |
| *N'vi satangui* o *novi satangui* | ES: lugar donde abunda la chircas, planta con hoja pegajosa que se encuentra en las lagunas<br>FS: Se usaban para hacer los rollos para pescar (macillos entre palo bobo y chircal y se ponía abajo del agua) como una trampa a la que a la tarde llegan los peces a comer. Al este de *euaxai lamo.*<br>Varios de SC: chircal (mucho *n'vi*) |
| *Taqaicsat* | Varios de SC: el chañar, *taqaic* |
| *Qoq satangui* | ES: lugar donde abundan las cañas<br>Varios de SC nombraron |
| *'Olgoqle' lacheugue* | ES: riacho de la gallinita<br>FS: al oeste de RdO |
| *Poltaq* | Varios de SC: totoral, pasando el río Bermejo |
| *Moqoit lqaixo* | ES: cabezas de mocoví<br>FS: Cerca a Bellaco, bañadero del Salado Al norte de 10 de mayo (Chaco)<br>Varios de SC lo nombraron |
| *Pioq' laỹi'* | ES: Laguna donde se encuentran los perros<br>Varios de SC iban en donde un perro blanco andaba sin dueño |
| *Na'ataxanaxaqui* | ES: letrina |
| *Mala' lapel* | Varios de SC: el encatrado de la laguna (SC) |
| *Qomlashe lapaxaxae* | PF: en relato de Las fugitivas se nombra este lugar<br>Varios de SC: india blanca, los blancos ponen ese nombre |
| *Shepexaqlo lqaic* | VS: la cabeza de tapir. Aquí los antiguos mataron a un *shepexaqlo* (tapir) y pusieron su cabeza en un árbol<br>FS: sobre una curva del salado |
| *Chingolo lche'* | VS: la pierna de Chingolo. Chingolo se fue una vez a pescar y le mordió la pierna una palometa |

| | |
|---|---|
| *Huaca llegueta* | ES: el paso de las vacas, Km. 503, por donde cruzaban el río Bermejo |
| *Chipiaapigui* | ES: campo donde relampaguea (una chispa). A dos leguas de Km. 503 (contrario al río). Se marisca *ruri* y *railoc*. |
| *Qachegoxosoxoi lapel* | VS: laguna donde mariscaban, se vendía el cuero de yacaré y ahí abundaban los yacarés. Se veía un ojo grande que brillaba, pestañea.<br>FS: como a 30 km. al noroeste de RdO. |
| *Toro lo'c* | Varios de SC: picada en la que encontraron un cuero de toro |
| *Misheraic llalec* | FS: lugar donde un joven fue muerto por un rayo al este de *Poxoỹaxaic 'alhua* |
| *Huataxat* | FS: laguna de tacuaras al suroeste de *Qarol lae* |
| *Dauxan* | FS: arrollo de mucho ruido por las avejas, cuando los criollos escucharon esa palabra denominaron Dobagan |
| *Pinalda'* | En frente de El Colchón, ahí peleaban con los blancos |
| *Rocshe nalleuo* | Varios de SC: blancos miraron, en La Guerra estaban los *qom* ahí y un día llegaron los blancos y fueron a mirar donde están los *qom*.<br>Estero grande |
| *Araxanaxaqui* | Mortero<br>Varios de SC: una laguna en la que quedó un mortero<br>Varios de RdO: hay un cementerio antiguo |
| *'Eraxai* | Varios de SC: En tiempo de La Guerra se fue la gente para un monte y cada uno tenía un bichito de luz en la mano para iluminar el camino |
| *Piarochi'* | Laguna. Historia de Las Fugitivas |
| *Huoqauo' lae'* | ES: una mujer muere fulminada por *qasoxonaxa*.<br>LM: Unos hombres van allí llamados por pájaros guaycurúes que les avisan que hay peces |
| *Lashe n'naxaga- naxaqui* | JM: relato sobre la menstruación de una joven que causó que todos los *qom* quedaran sepultados<br>Varios de SC: bicho del agua, es una laguna en donde hay muchos |
| *Qo'oxoi* | Varios de SC: en La Guerra había un *oiquiaxai* que indicó que caven una zanja honda para esconder a las mujeres y niños para salvarlos, pero cuando llegó el ejército, los mató |

# "Todo eso era territorio".
# Siembra, marisca y cosecha

Valentín Suarez

Éramos chicos. A mí me crió mi abuelo, Vailón Suarez. Alcancé a conocer a mi abuelo pero pocos años, mi abuelo murió en el año 1974 cuando yo tenía doce años. Mi abuelo crió a varios *saploq* [huérfanos] porque sabía rebuscar y les enseñaba. Primero cazaba con flecha, después con escopeta. Crió a Eduardo Roldán, a Paulino Roldán y a Vinicio González o *Mishoxoiqui*. Vinicio era joven ya cuando lo crió Vailón, era su acompañante de marisca [caza y pesca], cuando se hizo muchacho, se fue al Chaco.

Imagen 38. Vailón Suarez.
Ilustrador: Valentín Suarez

Vailón me enseñó muchas cosas: la historia, la marisca. Estamos viviendo todos juntos cuando vivían nuestros abuelos. Después, cuando nos hicimos hombres nos preparamos para salir; siempre en Riacho de Oro. Vailón contaba que acá era todo territorio de los indígenas, se trasladaban según la época de la estación del año. Había épocas en que vivían a la orilla del río Bermejo y, según la época, si escaseaba los alimentos, se venían para este lado y producían. En cada asentamiento que ellos hacían sembraban cosas, dejaban semillas, por ejemplo, batatas, zapallos. Abandonaban su toldería, su casa. Ponían la semilla ahí y en la época de la cosecha del zapallo, ellos volvían otra vez y juntaban los zapallos donde lo dejaban antes; entonces se encontraban ya con semillas, con frutas. Así hacían.

En la estación de la pesca por supuesto que tenían que trasladarse a la orilla del río. En la época de la cosecha, se trasladaban a estos montes altos donde se cosechaba fruto, miel y otras cosas de alimento. Por eso, todo eso era territorio. La ruta 95 no existía, no estaba y por eso, todo acá hay nombres originarios.

Imagen 39. Pesca antigua *roquiaxanaxat* en Km. 503.

Por ejemplo, Subteniente Perín es nombrado por los *roqshe* [blancos] pero anteriormente era *Salaqsattangui*. Sí, porque en esa laguna había muchos "palos de bobo", como le decimos nosotros. Ahí también hacían sus tolderías, hasta un poquito más para acá y después se desplazaba para San Carlos y al llegar a la casa que era Reducción, se trasladaba a la Reducción [Bartolomé de las Casas].

# III.2. REDUCCIONES Y COMUNIDADES

## "La Reducción era como la esclavitud". Esclavos y prófugos en el territorio perdido

Valentín Suarez

Están los *'eltaxaicpi*, o sea, los que no se fueron a la Reducción. Estos quedan nómades en los montes. Huían del ejército. *'Eltaxaic* se usa para decir 'prófugo'. En cambio, a los que aceptan entrar a la Reducción se les dice *nlattac*, esos son los "esclavos" mandados en la Reducción, mandados o peones de la Reducción (peón: *qailattac*). Si se habla de la vida antigua, cuando se usa esa palabra (*nlattac*) ya sabemos que hablan de la Reducción. En cambio, si se usa en la actualidad esa misma palabra se usa para peón. Los que se fueron voluntariamente a la Reducción se dice *maiche queuo*: 'el que se va a su lugar, a su casa', o sea, 'el que acepta la Reducción'.

*Rachiyi*, mi abuelo, no quería irse a la Misión, a la Reducción. Los que salieron de ahí, salieron hablando mejor castellano y varios de ellos se volvieron líderes, caciques y las *alpi* [mujeres] también hablaban [castellano]. Pero muchas de las hermanas de *Quinaxauaic* [antiguo cacique de San Carlos] fueron madres solteras [Elisa y *Yesoi*] y tuvieron hijos medio blancos… yo supongo que es porque en la Reducción les jugaban [abusaban] y tuvieron relación [sexual] con *roqshel'ec* [blanco].

Hay dos diferencias entre la gente: los *qom* que salían de las Reducción y las Misiones, y los *qom* que andaban por los territorios y se desplazaba. En la Reducción los hacían comer al mediodía. La gente que atendía en la Reducción, cocinaban y les daban de comer. Nada más. Y por ahí les daban algunos cortes de tela y se vestían. Y nada más. Pero el producto de ellos se lo comían otros. Para mí que la Reducción surgió casi igual como la Conquista, para mí que todos [los indígenas] ya estaban apaciguados a causa de la Guerra.

A través de la Constitución del 1853 hacían esa Reducción para que los indígenas puedan ser sometidos a una Reducción. Ésa era la idea. Pero por eso, yo creo que sí había ataques en otros lugares, a los *qom* que no estaban en la Reducción. No todos los indígenas estaban dentro de la Reducción. Yo creo que algunos no era que

Imágenes 40. Ruinas de la antigua Reducción Bartolomé de las Casas (Formosa).
Iglesia, internado, mercado. Fotos: Sonia Sarra

quería estar en la Reducción, no tenía su libertad ni tampoco sabían dónde quedaban su pariente, porque había persecución en ese momento.

Después de que pasó la época de las Reducciones, las Misiones, los curas abandonaron todo eso, los dejaron libre [a los *qom*], que se arreglen los indígenas [como puedan], que vivan por ahí. Ahí parece que recién tuvieron contacto con los familiares. Es por eso que surgieron los caciques medio castellanizados. Los caciques de cada lugar. En Riacho, por ejemplo, antiguo era mi abuelo y otros ancianitos. Después, va llegando la gente, de a poquito. Vino también Ojalito Palavecino. Acá ya estaban otros *qom*, mi abuelo y varias familias. Ojalito vino después, él salió de la Reducción. Sus padres, por ejemplo, salieron de la Reducción. Por eso, al estar acá, él sabía hablar en castellano y podía contactar con algunos criollos de la zona y con los criollos de la zona se llevaba bien porque hablaba castellano.

Pero los nativos de acá no sabían hablar casi nada porque nunca se habían ido a ninguna Reducción. Y de ahí lo nombraron a él [Ojalito] como cacique, lo nombraron como cacique porque sabía hablar más o menos el castellano. Y así se organizaron los primeros habitantes de acá y se llevaban bien. Mi abuelo era muy creyente evangélico, él se dedicaba a las cosas espirituales y Ojalito se dedicaba a organizar más y tenía que atender la necesidad de la comunidad, de lo que es el trabajo.

# La política territorial y las Reducciones. El problema indígena y el indígena como problema

Leandro Moglia y Adrián Almirón

El avance la frontera norte y el proceso de ocupación del Chaco argentino constituyen algunas de las temáticas más abordadas por la historiografía regional y local. Si bien abundan las más diversas interpretaciones, todas ellas poseen un punto en común: la ausencia del indígena como actor social y cultural partícipe del proceso de ocupación y explotación productiva de la tierra que se realizó a fines del siglo XIX y principios del siglo XX. El indígena solo fue considerado en función de su utilidad como mano de obra para las explotaciones locales, principalmente la forestal y algodonera. Asimismo, en el marco de esta ocupación espontánea, los indígenas debieron soportar dos situaciones extremas: su encierro en las Reducciones para poder producir o su convivencia con una presión productiva que amenazaba con despojarlos de sus territorios en función de la regularización de la tierra que favorecería a los colonos. De esta manera, la tierra pasó a convertirse en mercancía ya sea por su capacidad de producción, ya sea por su propia renta.

Las estrategias de sometimiento y asimilación que se desplegaron a partir de la creación del Territorio Nacional del Chaco estuvieron vinculadas, principalmente, a la "guerra contra el indio" (1887-1911) y terminaron por consolidar la política de las tierras del Chaco argentino. Para ello, fue necesario construir la noción de "desierto" como una categoría científica y política que posibilitara el despliegue de fuerzas estatales que controlasen el territorio. Dicho control posibilitaba llevar adelante un poblamiento paulatino así como la inserción de la región en el mercado interno y mundial mediante la explotación de bosques y del algodón, respectivamente. Fue en este escenario que los indígenas chaqueños y los representantes del Estado se relacionaron, negociaron y disputaron la tierra durante la etapa territorial.

Para resolver la presión poblacional y productiva que los indígenas chaqueños sufrían, el Estado Nacional intentó promover su integración al sistema capitalista mediante la creación de unidades territoriales para su asentamiento. En definitiva, el propósito fue "civilizarlos" a partir de su inserción en el sistema productivo como mano de obra y de su transformación en pequeños productores agrícolas. Para lograrlo se establecieron tres áreas delimitadas: la Misión, la Reducción indígena y la Reserva de tierra, para colonias indígenas.

La presencia de la iglesia fue clave para explorar, conocer y evangelizar en la frontera. En 1900, se fundó la Misión de Nueva Pompeya (Chaco) administrada por la Misión franciscana del Colegio de San Diego, de la provincia de Salta. Allí se asentaron indígenas *wichi* quienes participaron activamente en la Misión que, con oscilaciones, perduró hasta fines de la década de 1940.

Las Reducciones conllevaban la creación de colonias o villas rurales estrictamente indígenas. Dichos espacios fueron reservados y administrados por la Comisión Honoraria de Indios dependiente del Gobierno nacional. Ellas debían contar con escuelas para la enseñanza elemental, agrícola e industrial de los niños. Con esto se tenía previsto llevar adelante la transformación integral del indígena, incentivarlo a participar de la agricultura e inculcarle disciplina laboral y  hábitos de ahorro (Gordillo y Hirsch 2010: 22).

La primera Reducción que se creó en el Chaco fue la de Napalpí en 1911, con el objetivo de realizar una política de integración pacífica mediante una combinación de experiencias religiosas y aspiraciones civiles. La experiencia norteamericana y canadiense constituyó un modelo para lograr la integración de las comunidades indígenas mediante la organización de un lento proceso de asimilación. El primer director de la Reducción de Napalpí, Enrique Lynch Arribálzaga (1856-1935), destacaba en 1914 que para lograr la integración se debía atraer a los indígenas y ganar su confianza para enseñarles, de forma paulatina, las labores agrícolas y el trabajo en el monte. También, se debía brindarles una educación especial que se concentró en el idioma nacional, la lectura y escritura, operaciones básicas de aritmética, nociones de astronomía, cosmografía y geografía nacional, actividades artísticas como música, dibujo, agricultura y distintos oficios.

Las familias indígenas reducidas se transformaban  en  productoras al recibir una superficie entre 10 y 50 hectáreas. Según los Registros de Inspección levantados por los inspectores de la Dirección General de Tierras, predominaban las pequeñas explotaciones de hasta 10 hectáreas en las que se cultivaban algodón y maíz. El trabajo de estos colonos indígenas fue resaltado por los inspectores quienes expusieron que, a pesar de las limitaciones técnicas y de recursos, ellos lograron grandes avances y la transformación del ambiente.

La tierra de Napalpí era intransferible a propiedad privada o propiedad comunal ya que el dueño era el Estado. Esto ocasionó inconvenientes entre los colonos indígenas y generó reclamos con miras a obtener un contrato de arrendamiento o título de propiedad. Sin embargo, durante toda la etapa territorial en la Reducción no se entregó ningún tipo de escritura[45].

Las reservas indígenas fueron áreas preservadas y delimitadas por el Gobierno nacional de acuerdo a los informes que los inspectores de tierras elaboraban acerca de las potencialidades del suelo. Con base en ello, estos espacios se destinaban a asentamientos agrícolas o pastoriles y se determinaba la cantidad de familias indígenas que se podían instalar. Hacia 1943, el Chaco contaba con un total de 191.523 hectáreas reservadas para indígenas (el 1,8 % de la superficie del territorio)[46].Existieron también caciques[47] que desempeñaron un rol fundamental en la intermediación entre las comunidades y el Estado. Ellos eran los encargados de defender el derecho indígena al acceso y utilización de la tierra. Uno de los caciques recordado por las negociaciones realizadas ante el Gobierno nacional fue el Cacique General Francisco Moreno. De acuerdo a los testimonios de los ancianos, Moreno se destacó por su trato y constante ayuda en distintos temas (Sánchez 2009: 298). Su accionar, junto al de los caciques Juan Segundo, Juan Toma y Juan Burgos, fue decisivo en la obtención de las tierras de la colonia Pampa del Indio. Allí se asentó su tribu y en 1927 obtuvieron permisos de ocupación precaria.

Un permiso precario de ocupación se entregaba a explotaciones pastoriles o en aquellas ocupaciones que el Estado consideraba necesarias. Quien entregaba estos permisos era la Dirección General de Tierras con el objetivo de resguardar dicha tierra a los indígenas frente a los avances de los colonos[48]. Dichos permisos se renovaban anualmente, con lo cual el clima de inestabilidad era constante. En 1940 se llevó adelante una inspección general de tierras que permitió conocer y registrar la ocupación de la tierra en todo el Chaco[49]. En 1945, el decreto N° 9658/45[50] logró dar la tan ansiada estabilidad en la ocupación indígena, estableciendo que:

---

45 Desde 1956 la Reducción Napalpí pasó a denominarse Colonia Aborigen.

46 El total de la superficie del Chaco era de 10.410.000 hectáreas.

47 Estos jefes eran reconocidos y registrados por el Estado. Hacia 1943, por ejemplo, en el Chaco había 30 caciques distribuidos en distintos lugares. La mayoría de ellos eran *qom*, aunque también aparecen registrados caciques vilelas y mocovíes.

48 REPÚBLICA ARGENTINA. Boletín Oficial. Decreto "Otorgamiento de permisos precarios de ocupación en lotes pastoriles destinados a arrendamiento" 16 de septiembre de 1925.

49 A partir de esto, se entregó a una tribu de mocovíes permisos de ocupación en la Colonia Juan José Paso (EL NOTICIOSO 1941: 87).

50 REPÚBLICA ARGENTINA. Boletín Oficial, 7 de Mayo de 1945, Decreto Ley 9.658 de 1945, Dirección de Tierras.

En lo sucesivo no podrán dejarse sin efecto las reservas indígenas existentes en los territorios nacionales, ni reducirse ninguna superficie de tierra fiscal, ocupada o explotada por indígenas, hasta la fecha del presente decreto, cualquiera fuese su título de ocupación, sin el informe previo y favorable del Estado Mayor del Ejército y Comisión Honoraria de Reducciones de Indios. Cuando la superficie ocupada por indígenas estuviere ubicada dentro de la zona de fronteras que determina el decreto ley 15.385 de junio 13 de 1944 deberá recabarse informe circunstanciado y fundado de la Comisión Nacional de Zonas de Seguridad. (Boletín Oficial, Decreto Ley 9.658 de 1945).

En consonancia con el decreto anterior, en 1947 se establecieron dos medidas que facilitaron las posibilidades de obtener la tierra. La primera fue otorgar permisos precarios de ocupación gratuitos; la segunda fue de condonación de deudas de los indígenas ubicados en el Territorio de Patagonia ante el fisco por las posesiones en arrendamientos y títulos de propiedad[51]. Esta iniciativa no prosperó en el Chaco.

A pesar de que en los discursos del peronismo la reforma agraria sería una realidad y se regularizarían las posesiones precarias, la cuestión de los títulos de propiedad nunca se plasmó. La política "reparacionista" hacia los indígenas sostenía un enfoque paternalista y este constituía un limitante para cumplir con los propósitos establecidos en los programas de gobierno (Giordano 2008: 197). Hacia 1951, el Estado Nacional llevó adelante políticas de incorporación e integración de los indígenas a partir del rediseño del espacio social mediante las instituciones nacionales[52]. A pesar de las iniciativas y de que los indígenas fueron reconocidos ciudadanos argentinos, la tierra no fue entregada en propiedad.

---

51 República Argentina. Memoria del Ministerio de Agricultura de 1947, Buenos Aires, 1948, p 24.
52 La Comisión Honoraria de Reducción de Indios creada en 1916 fue sustituida en 1946 por la Dirección de Protección del Aborigen.

# Iglesia y escuela.
# Anclas en un territorio en disputa

Valentín Suarez[53]

Yo era chico cuando la gente ya vivía en *Raỹamsat*, llamado por los criollos "la Margarita", y en *Poxoỹaxaic 'alhua* [comunidad Santo Domingo]. En ese entonces, *Rachiyi*, mi abuelo, recibió el Evangelio porque conoció al Misionero John o Juan Drín. El recorrido era de *Raỹamsat* a *Mala' lapel* [comunidad San Carlos]. Luego de un momento, Vailón y el misionero [para establecerse] eligieron el lugar donde recorrían siempre, pero no había agua en ese lugar. Se decidieron y oraron, pidieron a Dios y cantaban un coro que decía: "Señor, la bendición te pedimos, lluvia de gracia, manda lluvia hoy". Ese día que oraron, a la noche se armó el tiempo y llovió toda la noche en ese lugar. Ya no se veían las senditas. Pasada una semana, cuando se secó la parte alta cerca del riacho, se cambió [se fue] *Rachiyi* a ese lugar. Desde ese momento, nunca más se secó ese riacho, hasta que había camalote o embalsamado y por eso lo llamaron *Da'añalec lacheugue* [actual comunidad Riacho de Oro].

De ahí, el pastor misionero traía cosas a caballo y mula desde Formosa. Traía ropas, alimentos y repartía Biblias y le enseñaba a orar. De ese entonces, la gente tuvo mucha fe en Dios, que hasta la Biblia le cuidaban sin ponerla en cualquier lugar y a los chicos les daba folletitos que hacían con una bolsita de tela y en cada

---

53 Parte de esta historia le fue narrada a Valentín por Vinicio González. Vinicio se llama en *qom Mishoxoiqui*. Vive en *Pio' lauac*. Su papá fue *Lenoxoqui* o Espólito González. Su abuelo fue Isario González. Su madre era Rosaria Segundo o *Raimiaxaque*, hermana de Carolina Segundo, la esposa de *Ro'oxoi* o Juan Franco.

culto cada uno lo tenía colgado al cuello. Juan Drin tenía sus ayudantes que varias veces desde San Carlos vienen a Riacho. Eran Bienvenido Mula y su suegro Ortega. Después trabajaba Vailón en changas, su patrón era Leucadio Aranda, vecino que queda al oeste de Riacho de Oro. Muchas veces le pagaba con carne vacuna o con una vaca viva para que la carneara.

Más tarde fue llegando la demás gente [*qom*] y cuando se fue acumulando la gente, dieron parte a la policía. Después de muchos años, el criollo Rodríguez, que era otro vecino que quedaba al sureste de Riacho de Oro, le hacía problema a Vailón, lo denunciaba. Por eso mi abuelo fue preso varias veces. Vailón solicitaba la ayuda a Bienvenido Mula. Como él ya conocía el Evangelio, ya está impactado con la fe del Evangelio, y como él no sabía hablar en castellano se tiraba al suelo y rogaba a Dios que resolviera el problema de la tierra. Lo que hacía era sacar el Nuevo Testamento y se lo mostraba a los policías. Al mostrar el Nuevo Testamento quedó libre varias veces, con el Evangelio que Juan Lagar le dio, Juan Drin. "Ésto [Biblia] es lo que me obliga a estar en esta tierra" —decía—. Y la policía no sabía interpretar y además el denunciante [Rodríguez] tampoco tenía los papeles de la tierra. Entonces lo dejaban tranquilo y así varias denuncias. Pero mi abuelo, muy desesperado.

Y construyeron una Iglesia, la primera que hicieron. El que trabajaba mucho era Chávez, hijastro de Vailón, y Vailón iba en busca de alimentos. Nuestra primera iglesia fue volteada por las topadoras cuando construyeron la ruta 95. Hicieron otra iglesia, larga de 15 metros, con techo de paja, con pared de estaqueo. Cuando llegó Juan Drin era allegado de mi abuelo. Hablaba de la palabra y el misionero tuvo la idea de enseñarle a los chicos del lugar a leer y escribir. Por eso, esa segunda iglesia tenía un mástil. Ahí enseñaban a los chicos, a los que querían saber leer y escribir. Molina se llamaba el maestro. Esto es por el año 1967. Y se decidió buscar un lugar para la escuela. El mismo misionero la construyó con aceptación de los originarios del lugar.

Después fue llegando más gente. Vino un tal Juan Chico, *Roxoỹo*, el abuelo del que ahora vive en El Colchón, *Sancaloi* (Paulo Segundo). También *'Auaique'*, el padre de Casho (Nicasio Espíndola) y vino *Ro'oxoi* (Juan Franco). Vino también *'Iyaxache'* (Martín Chavez), *Hualxat* (Ojalito Palavecino). En el año 1942-1945 muchas veces la gente se iba al Ingenio El Tabacal. Vailón se fue una sola vez y después nunca más se fue. Se quedaba solo con su familia y no abandonaba el lugar. Muchas veces venía *Panxai* (Palacio) de *'Ele' lpatac* [El Espinillo].

Entonces, Palavecino, Vailón y otros padres de los chicos necesitaban la escuela. Aprendieron a hacer adobe y fue autoconstruida por la gente del lugar, los materiales los puso el misionero. Marcelo Ortega era el ayudante del misionero. Él buscó el lugar en consulta con los más ancianos del lugar. La escuela se puso en el medio de la comunidad. En ese entonces, llegaba hasta Perín la comunidad y la escuela estaba en el medio. Es compartida la distancia. En el año 1968 se terminó de construir.

# Salvoconductos chaqueños y pasajes bíblicos

Florencia Tola

En los años que sucedieron a la Conquista, los territorios chaqueños fueron un escenario signado por la persecución, la relocalización de poblaciones indígenas, los traslados masivos, el ingreso a las Reducciones estatales y a las Misiones religiosas y los viajes a pie y posteriormente en tren a los ingenios y obrajes en donde, como los estudios antropológicos e históricos demuestran, eran tratados de manera inhumana y esclava. Ante este panorama, vivir y desplazarse por lo que hasta hace poco era su territorio, no era una cuestión sencilla para los indígenas.

Durante la colonización, tal como refiere Wright, fue necesario controlar al indígena no solo cuando se encontraba dentro de "los reductos de civilización" (2008: 106) (Reducciones y Misiones). Desde 1899 hasta la década de 1960, aparecieron en todo el Chaco los llamados salvoconductos; "prueba de esa nueva legalidad de la que carecían los antiguos aborígenes nómades, indisciplinados, orales y analfabetos" (*ibid.*). Estos salvoconductos funcionaban como pasaportes que los indígenas debían mostrar a los blancos con quienes se encontraban durante sus viajes a los obrajes y fábricas (Wright 2008).

Según nos relata el antropólogo Cesar Ceriani Cernadas[54], estos pasaportes constituían una práctica que probablemente se originó en las antiguas Misiones franciscanas o bien en las relaciones del conchabo hacia los ingenios (o en ambas). Estos salvoconductos eran un papel firmado por un misionero, militar de rango o por un estanciero que habilitaba el libre tránsito y permanencia de los indígenas en el territorio. Al respecto, Ceriani Cernadas escribe: "[...] durante la primera mitad del siglo XX los aborígenes tenían severas dificultades en trasladarse a otras ciudades en busca de trabajo, pues las autoridades le exigían una "certificado de buena conducta" [...]" (2007: 78). En efecto, Wright los califica como documentos que, además de la buena conducta, certificaban "su condición de *pacificados* y de buenos *trabajadores*" (*ibid.*: 106).

Ceriani Cernadas nos relata[55] que los indígenas atribuyeron gran valor a estos papeles que tenían el poder de mantenerlos con vida y de brindarles la posibilidad de visitar a sus parientes, permanecer en algún lugar y conseguir un trabajo temporario. Al respecto, en 2007 escribía: "La palabra escrita adquiere así un valor central, donde la Biblia y los "papeles", ligados al ethos burocrático del Estado nacional, aparecen como símbolos dominantes" (*ibid.*).

---

54 Comunicación personal (2016).

55 Comunicación personal (2016).

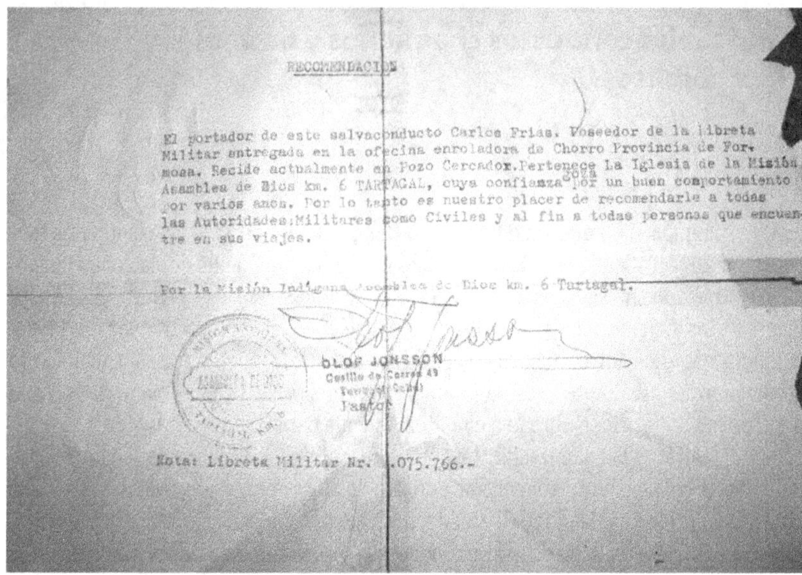



Imagen 41. Salvoconducto. Archivo Misión Evangélica Asamblea de Dios, Embarcación, Salta
(de mediados o fines de los años 1960).
Foto: cortesía de Cesar Ceriani Cernadas

También el etnoastrónomo Alejandro López (comunicación personal 2016) nos cuenta que entre estos papeles se destacaban, además de los certificados de buena conducta, los certificados de bautismo, de filiación y de pertenencia a una iglesia. Según él, el testimonio referido arriba debe referir a alguno de ellos, aunque el narrador sugiere que lo escrito era un texto bíblico.

Además de estos pasaportes, en el centro del Chaco y este de Formosa existían también, tal como nos relata Ceriani Cernadas[56], pasajes de la Biblia escritos en tarjetas y en cajitas. Esta práctica fue instalada por los Obreros Fraternales Menonitas quienes llevaban adelante los "círculos bíblicos" como forma de enseñanza del Evangelio a los indígenas.

---

56 Comunicación personal (2016).

## III.3. USURPACIONES Y MUERTE

# Y llegaron los desalojos…, 1, 2 y 3

Valentín Suarez y Florencia Tola[57]

Según se relata en Riacho de Oro, el primer desalojo fue llevado a cabo por un criollo de apellido Sayavedra, durante la época de la Dictadura Militar, cuando gobernaba la provincia Juan Carlos Colombo, 1976[58]. En esa parte de la antigua comunidad se encontraba un cementerio y varias casas de viviendas. En ese cementerio que hoy en día queda a 500 metros de la Escuela de Riacho de Oro, se hallan enterrados los antiguos pobladores del lugar. De hecho, como leemos en el relato anterior, la escuela originaria se encontraba en el centro de la comunidad. Es por eso que a un lado de ella estaba el cementerio y algunas casas. En la actualidad, el cementerio antiguo está en la zona del criollo en cuestión.

Las siguientes personas están enterradas en ese cementerio: José Caja (*'Inchaxaic*, tribu *Huaguilot*), Benina Mansilla (tribu *Oxoÿaxaic*), Julia Sánchez (*Capiaxai*, tribu *Huaguilot*) que es la madre de Marta Pérez y Eusebio Pérez (segundo Cacique de Riacho de Oro) y que es hija de Asale Sánchez y *Eraina'*, Cecilia Gorostiaga (*Neraxauai'*, tribu *Oxoÿaxaic*) cuyo padre es *Taxochi* —hermano de Juan Ignacio Mansilla o *Quinaxauaic*— y de la tribu *Oxoÿaxaic*, Eugenia Mansilla (tribu

---

57 Material reconstruido junto con los pobladores de Riacho de Oro en 2008-2009, en el marco del proyecto PICT 868 dirigido por Carlos Salamanca (SECyT).
58 Juan Carlos Colombo fue militar del Ejército Argentino y designado gobernador de la Provincia de Formosa durante la última dictadura militar en 1976. Su mandato fue entre 1976 y 1981. Fue destituido de su grado militar tras haber sido hallado culpable de crímenes de lesa humanidad.

*Oxoỹaxaic*) que es la madre de Celvia Mansilla y cuya madre es Atilia Mansilla —hermana de Juan Ignacio Mansilla—, Francisco Barreto (*Yenqai'*) y su hermano *Danesaxai* (Asale Sánchez).

Pasando la escuela, además del cementerio, vivían varias personas, entre ellas: Dionisio Mansilla, Cornelio Mansilla, Atilia Mansilla, Fermín Barreto (hijo de Francisco Barreto) y Aurelia Barreto.

Esta no fue, sin embargo, la primera vez que este vecino intentó desalojar a los *qom*. La primera vez no tuvo éxito porque los habitantes de Riacho de Oro llamaron al Cacique General Pedro Martínez quien vino desde el Chaco y los ayudó. Pero en la segunda ocasión, la de 1976, el cacique ya había fallecido. El intendente de aquel entonces favoreció al criollo con la ayuda de la policía. En esta oportunidad, los *qom* fueron expoliados de aproximadamente 500 hectáreas.

Imágenes 42. Pedro Martínez y Nicanor Francia
Pedro Martínez, Nicanor Francia y Victorio López 1954

También en época militar, otro vecino criollo llamado Argañaráz les usurpó tierras. Juan Mansilla (*Oyola*) era, por aquel entonces, el representante de la comunidad y quería defender a la familia *qom* Gorostiaga que vivía en el terreno que luego les quitaron. Cuando Argañaráz se apropió de ese lugar, la familia Gorostiaga se habían ido al Chaco temporariamente y cuando regresaron, ya no les permitían ingresar a su tierra porque había sido alambrada. Nuevamente, con la colaboración de la policía los *qom* fueron privados de su tierra, junto con su representante, Juan Mansilla quien, según relatan, salió de allí descalzo. En este campo de 500 hectáreas, aproximadamente, también había un antiguo cementerio en el que se recuerda que se encuentra enterrada una niña de 11 años.

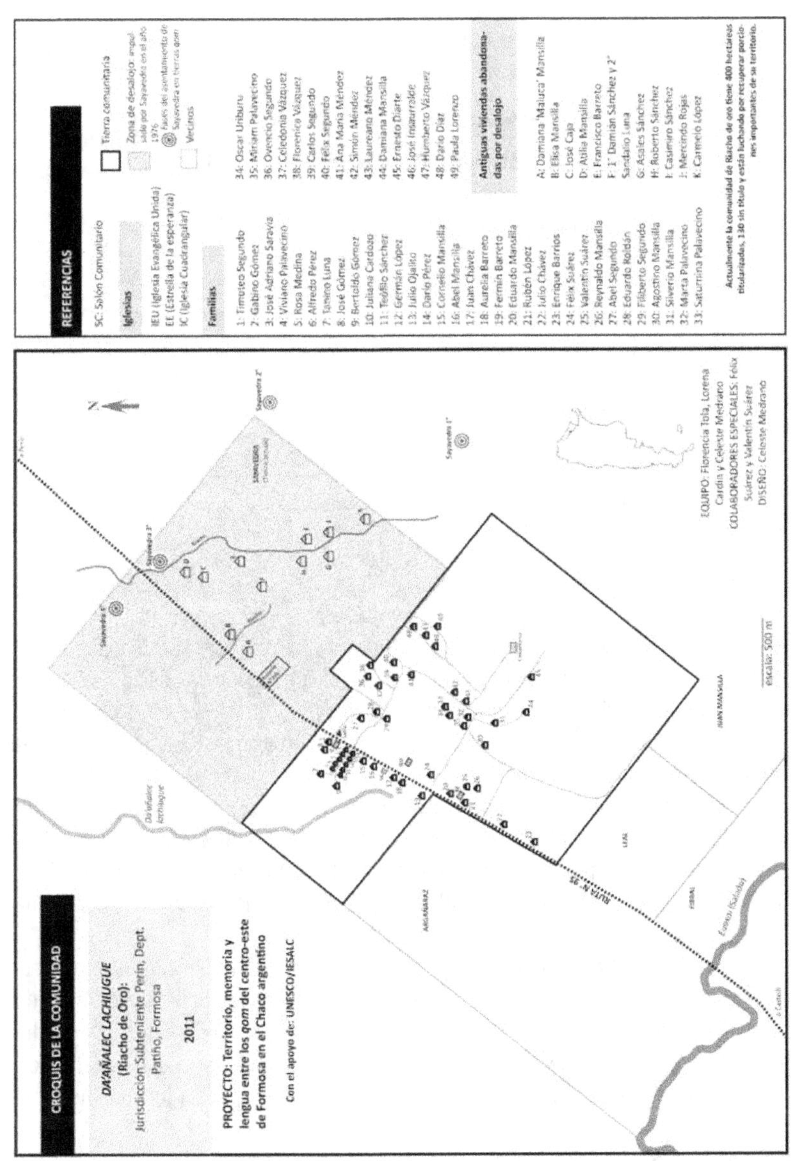

Imagen 43. Riacho de Oro. Usurpación, cementerio y viviendas antiguas.
Confección: Celeste Medrano y Félix Suarez

# *Pia'arai Itai* y *Shemalon nguiomaxaqui.*
# Lugares usurpados de Km. 503

Celeste Medrano y Florencia Tola[59]

Km. 503 se denominaba *Lapel saq emapec loxolqai'* (lit. '*Loxolqai* de la laguna que no se seca') y cuenta hoy en día con una población de 50 habitantes *qom*. Descienden de individuos pertenecientes a las "razas" *huaguilot, ÿolo* y *rapicoshec* quienes, en las primeras décadas del siglo XX, se asentaron en Riacho de Oro, Santo Domingo, San Carlos y Tres Pozos[60].

En la actualidad, los *qom* de Km. 503 se hallan inmersos en conflictos territoriales a raíz de que criollos y empresas privadas se establecieron en zonas de su antiguo territorio, no permitiéndoles su acceso. La laguna que da el nombre a la comunidad está, de hecho, en una parcela ocupada por un criollo y divide la comunidad en dos partes incomunicadas.

*Pia'arai ltai* y *Shemalon* conforman dos sitios identificados como importantes por los *qom* de Km. 503. Sin embargo, los mismos se encuentran fuera de la mensura comunitaria en tierras que ahora no les pertenecen. En estos lugares, han vivido los antepasados directos de los actuales *qom* de, por lo menos, tres generaciones y han dejado trazos (restos de alimentos, viviendas, objetos, juegos, morteros,

---

59  Lo que aquí relatamos es una síntesis de lo que nos contaron en 2011 en el marco de un proyecto UNESCO, Carlos López, Eduardo López, María Estela Talavera, Olegario López, Vilo Viejo, Daniel Talavera, Palmira López, Dominga Talavera, Carlos Horquera, Etelvina López y otros habitantes de Km. 503.

60  En este último lugar vivían personas *teguesan* y *ÿolo.*

entre otros) en el territorio que desde hace años reclaman. Dichos trazos dan cuenta del uso ancestral del mismo. Cada uno de los objetos allí presentes contiene una historia particular y, al recorrer el lugar y al vincular las historias entre sí, hemos logrado reconstruir partes de la vida de esas personas y el modo en que fueron privados de sus tierras.

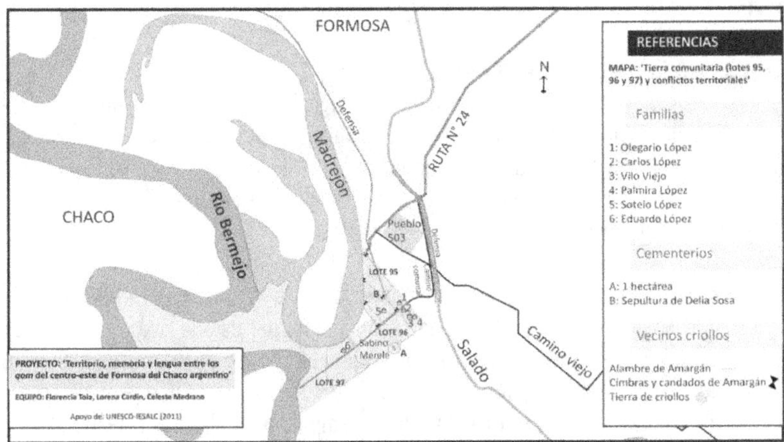


Imagen 44. Ubicación de Km. 503 y recorridos antiguos en la zona
Confección: Celeste Medrano

Según narra el líder de la comunidad y presidente de la Asociación Civil de Km. 503, Carlos López, durante varios años reclamaron ante diversas instituciones la posesión de ambas zonas (el último reclamo fue ante el ICA, en 2012). Uno de sus argumentos era que las parcelas en las que actualmente residen en Km. 503 corren el riesgo de quedar bajo el agua a raíz de la proximidad con el río Bermejo. Este cuerpo de agua modifica su curso con el devenir de los años y ha ido inundando o anegando parte de una de las parcelas incluidas en el título comunitario. Además, en 1990 un criollo denominado Negro Casas los echó de sus propias tierras en *Pia'arai*. Todas las familias que allí residían debieron refugiarse en otro lugar luego de que dicho criollo les pasara por encima con sus caballos y los amenazara con armas. A pesar de estas amenazas, las familias allí presentes construyeron carpas provisorias para no abandonar la zona. A pesar de su resistencia, actualmente los *qom* no tienen permitido el acceso a la laguna de *Pia'arai*.

En cuanto a *Shemalon*, para ingresar allí se debe atravesar un alambrado colocado hace pocos años por algunos criollos (entre ellos, Negro Casas) que se apropiaron de la zona, llamada en castellano "Los Potrillos". Según el relato de los *qom*, el alambrado del señor Casas no se pudo extender debido a que, ante el reclamo *qom*, el ICA reconoció que era un terreno de la comunidad de Km. 503. Sin embargo, aún el título que poseen no incluye esta zona dentro de su perímetro comunitario. Carlos López narra también que, por los años 1990, sufrieron las amenazas de otros criollos cuando un grupo de cazadores quiso ir de pesca a la laguna de *Shemalon*. Es decir, si bien la zona está cercada desde hace pocos años, los *qom* de Km. 503 vienen sufriendo las enajenaciones por parte de criollos de la zona desde hace ya mucho tiempo.

## Huellas en la memoria y el espacio

Por un camino antiguo, se llega a la laguna de *Pia'arai ltai* en donde las antiguas familias (aproximadamente 90) extraían agua y pescaban. Por esos años, allí no había monte ya que los habitantes se encargaban de mantener limpia la zona. Un poblador anciano de Km. 503, Vilo Viejo, recuerda haber peleado con un yacaré en esa laguna cuando era joven:

> Acá apareció el yacaré. Quiero poner la red para pescar y lo encontré. Yo pensaba que estaba muerto, pero había sido que estaba vivo todavía. Peleé con el yacaré con garrote. Encontré un palo y él me saltó encima. Saltó por acá al agua, corté el palo, le pegué otra vez, tres veces le pegué un garrotazo en la cabeza. Pero me tiró al agua. Me empujó a mí al agua. Y después salió allá. Había un palo de algarrobo pero parece que lo cortaron.

Además del valor que esta laguna posee en términos de subsistencia, ella es de particular importancia para los *qom* ya que allí viven distintos seres con poder, al igual que en *Shemalon*. A ellos los antiguos chamanes y cazadores les dedicaban plegarias en las que solicitaban la entrega de presas y pescados así como el otorgamiento de poder para curar.

Según la anciana ya fallecida Palmira López, *Pia'arai* recibió el nombre hace muchos años a raíz de una historia que se trasmitió oralmente del siguiente modo:

> *Huo'o qolloxochiyi ayem alo da huo'o da laxashet naua lapiate ñioxoche onolec na lapia' loxoraic saq enam na lỹa. Imauec na qom da ỹaỹaten nache huo'o so na'aq qollaxa nache ileu saqaca qaq yi'iyi alhua qanayetaña huo'o taqaen añem lapel nache ỹataxaraic yem lma' qo'ollaxa nam qom. Nache ỹemteuo da le'enaxat Pia'arai ltai' yemaxa.*

> Antiguamente, existió una mujer que tenía un defecto en los pies: uno de los pies no era del mismo largo que el otro. Toda la gente lo sabía. Entonces, llegó el día en que falleció esa señora. Ese lugar en el que estaban tenía también una laguna y se notaba que era el lugar de residencia de los *qom* porque había mucha gente. Entonces, se nombró así *Pia'arai ltai* este lugar que significa 'La difunta con defecto en el pie'.

De *Shemalon*, Palmira narra el siguiente relato que da nombre al lugar:

*Shemalon le'enaxat yem shiȳaxaua maye netaña aña'añi lapel qoȳetega ȳata-qta sa qaiuoxolec som maiche le'ec shiguiȳac. Qalaxaye ye maiche nma' ye'e qalaq qaica ca ena'ac cha'aye yem shiȳaxaua huo'o da enec taqaen. Da huo'o ñe saȳauanappega nache iquichoqchet qam shiȳaxauapi dam huala'a. Huo'o da dillimgui añi lapel qataq huo'o da nallesheguem cam le'ec shiguiȳac lta-raic. Nache yem qomlec saȳashenapec da huo'o ca nqo'onaxama añi maye cha'aye ñetaique qataq nteltega da huo'o ca qaito.*

*Shemalon* se llamaba la persona que vivía en la laguna. Se decía que realmente había un animal que allí vivía y que era muy malo. Pero a la persona que vivía allí no le hacía nada porque esa persona tenía su poder [era chamán]. Si a alguno no lo conoce, entonces lo asusta porque lo desconoce. Hay veces que la laguna truena y hay un animal grande [no-humano] que levanta su cabeza. Entonces el hombre que vive allí no quiere que nadie se acerque a ella porque tiene miedo y cuidado de que alguien sea devorado.

Imagen 45. Ser no-humano del agua.
Ilustrador: Valentín Suarez

Según narran los ancianos, con el paso del tiempo se fueron acercando pobladores criollos con la intención de enajenar dicha tierra. Es por ello que, anti-

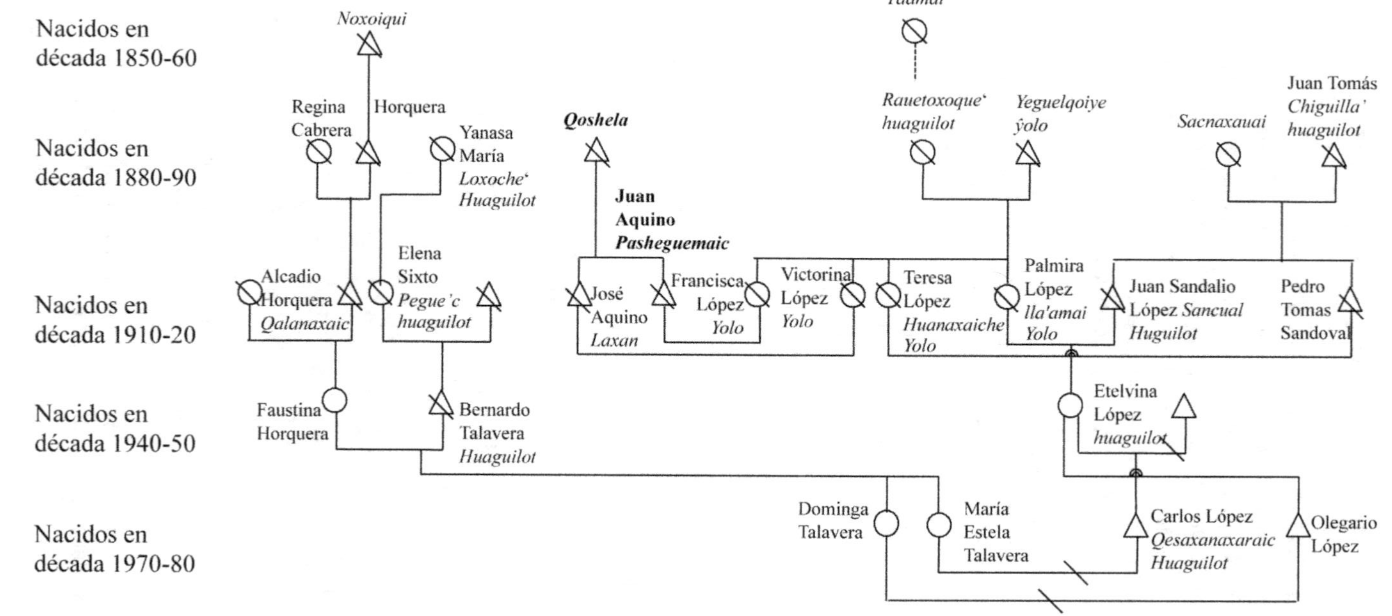


Algunos habitantes de Km. 503.

guamente, entre criollos e indígenas decidieron jugar un partido de fútbol y establecieron que quien ganara se quedaría con la tierra. En la competencia, ganaron los indígenas y los criollos debieron retirarse. Hasta la actualidad, los criollos de la zona reconocen que esa fracción de tierra pertenece a los *qom*[61].

Lo primero que encontramos al recorrer *Pia'arai* fue un horcón perteneciente a la casa *Laxan* (José Aquino), antiguo poblador ya fallecido. Éste nació aproximadamente en 1910 y era hijo de *Qoshela'* quien vivía ya en esta zona. *Qoshela* era el abuelo de Vilo Viejo, actual poblador de Km. 503. Según relata Vilo: "Acá vivía mi abuelo, poco se ven los horcones porque los criollos sacaron. *Qoshela'* usaba el cuero de iguana y yacaré para el techo". El hermano de José Aquino, *Pasheguemaic* (Juan Aquino), vivía también en esta zona  en donde aún existen los horcones antiguos de su casa. También encontramos un añejo mortero en el que las mujeres molían los frutos:

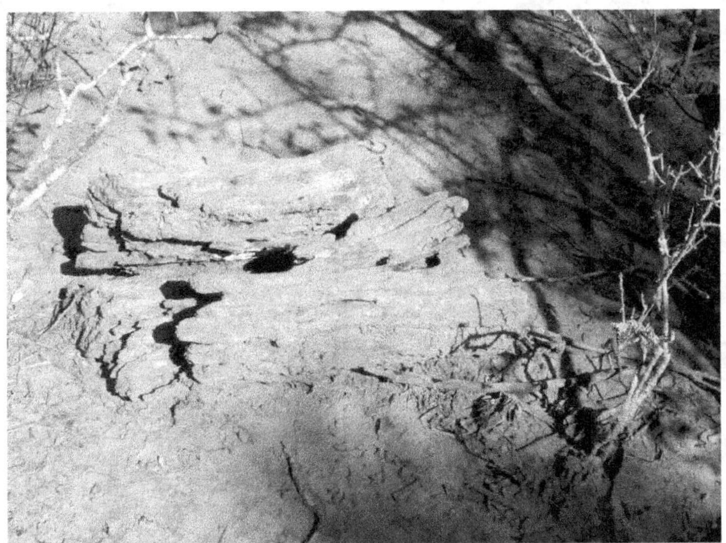

Imagen 46. Mortero antiguo.
Foto: Celeste Medrano

---

61 Según recuerdan los pobladores de Km. 503, en los comienzos de la democracia, el entonces Gobernador Floro Bogado reconoció dicho territorio como una "reserva indígena", entregándoles a los indígenas un documento que así lo certificaba.

*Shemalon*, por su parte, era un sitio en el que los *qom* residían. Denominado *lqomaraxa* ('altura'), este lugar era un espacio "donde nunca llega la creciente". Es por eso que resulta de fundamental importancia para los actuales *qom* de Km. 503. Vilo Viejo relata que hace unos años los *qom* se fueron de *Shemalon* porque "tenían miedo de los criollos por las amenazas". En este sitio residían distintas familias emparentadas con las que vivían en *Pia'arai ltai*.

Los *qom* resaltan que el sito es tres o cuatro veces más grande que *Pia'arai* y se puede encontrar allí una cantidad significativa de animales. Entre estos abundan reptiles como curiyú, yacaré, lampalagua, así como una amplia variedad de peces y mamíferos. En las cercanías de la laguna encontramos osamenta de carpincho y tapir, fruto de las antiguas salidas de caza.

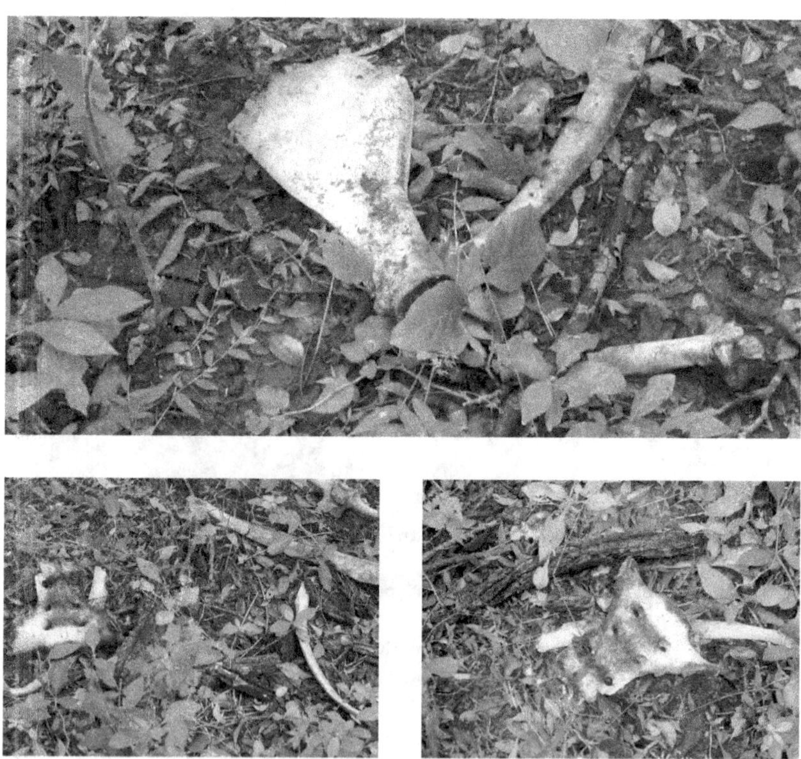

Imágenes 47. Huesos de tapir y carpincho.
Fotos: Florencia Tola y Celeste Medrano

# Por una salida de marisca [caza] "un indio debe morir"[62]. Venganza policial y siempre el mismo castigo

Carlos Torrent

Fuimos entre varios a mariscar [cazar] y mientras íbamos, íbamos en fila y luego caminamos por un camino en medio de un campo. Íbamos llegando a un bosque cuando escuchamos un tiro. Luego vimos al frente que había un hombre que nos tiraba con su arma de fuego. Luego nos desparramamos y escuchamos otro disparo atrás nuestro. Ahí quedamos confundidos porque quedamos en el medio y nos separamos de un lado a otro del camino. Cuando nos seguían disparando, después de varios tiros vi a nuestro compañero baleado en el abdomen. Entre nosotros había un compañero que tenía un rifle 22 de un solo tiro. Primero, les dije a mis compañeros que no dispararan, pero cuando vi que cayó herido nuestro compañero, ahí le dije al que tenía el arma que dispare. Y disparó. Luego disparó el caballo [se fue]. Y esa persona [blanca] quedó herida. A nuestro compañero lo puse en mi hombro y caminamos 500 metros aproximadamente. Luego, lo alzaban los otros compañeros durante un trecho. Otra vez lo llevé hasta llegar a un monte. Ahí descansamos y luego les dije a mis compañeros que cortaran dos palos de dos metros y medio. Luego, pusimos la red que teníamos [para pescar cascarudo, *pogoxosoxoi*] sobre esos palos, como una camilla.

---

62 Este título remite a las palabras que, según los *qom* de *Namqom*, pronunciaron los policías formoseños cuando fueron a reprimir al Barrio *Namqom* ("por la muerte de un policía un indio debe morir") luego de que un policía fuera asesinado en circunstancias poco claras en las inmediaciones del barrio.

Así lo llevamos acostado y entre los dos que nos turnábamos caminamos toda la tarde y toda la noche. Me preguntaban mis compañeros de dónde saco tantas estrategias para transportar a un herido y les contaba que algo aprendí en el servicio militar. Después de tanto caminar, llegamos a la madrugada cerca del barrio [*Namqom*] y ya la policía estaba invadiendo y apedreando a mujeres, ancianos, chicos sin preguntarle a la gente. Entraban en las casas. Luego, nos acercamos a la casa de Hilario porque su hermano es el que estaba herido. Apenas llegamos, alcanzamos a entrar al herido. Allí vino la policía y nos dispararon varios tiros, y ahí cayó herido otro compañero. No reaccionamos nada [no disparamos]. No huimos. Nos empezaron a golpear y nos dejaron medio muertos. También había proyectiles de grueso calibre.

O sea, que antes de que lleguemos al barrio ya la policía estaba entrando a las casas y les pegaba a todos los que encontraba. Por eso, muchos fueron heridos a golpes, también mujeres embarazadas, algunas perdieron a sus bebes. Me acuerdo que hubo tiros por todos lados. Se escuchaban mujeres gritando, chicos llorando. De ahí nos llevaron, incomunicados, llegamos a la alcaldía y nos pegaban. Pensé que no iba a vivir. Tenía todo el cuerpo hinchado por los golpes. No nos daban de comer, ni de tomar agua. Después, un compañero Israel [Alegre] habló con una abogada y ahí mermó un poco el maltrato. A mi hermana le prohibieron visitarme porque decían que yo maté a un policía [...]. Pasaron meses y cada vez que nos castigan nos dicen que tenemos que confesar la verdad. El castigo siempre es el mismo: casi nos dejan muertos.

Cuando pasaron los años, soñé con mi abuelo, el finado [Santiago Torrent]. Lo vi que entraba en el lugar donde yo estaba [en la cárcel], pasó entre los guardias que estaban durmiendo hasta donde yo estaba y me saludó. Soñé que en su mano tenía un bastón. Apoyó el bastón en mi hombro y empezó a decirme: "¿Qué has hecho? Cuando eras chico yo te crié, yo te enseñé para no estar así, como estás ahora. Te enseñé para que sepas trabajar, mariscar, pero no a andar con varios [compañeros] porque al andar entre varios, [los blancos] sospechan que andan haciendo otras cosas [robando ganado]. Pero no te preocupes, dentro de muy poco saldrás de aquí, no hiciste nada malo".

Desde ese entonces, yo le rogaba a Dios que me dé fuerza para que yo no culpe a otra persona, ni tenga rencor con mis hermanos. A los pocos días, nos dijo la abogada que dentro de poco tendríamos novedades. Cuando llegó el momento, me acuerdo que estaba con los otros presos y me llamaron. Y dije: "Presente. ¿Otra vez me van a pegar?" —dije—. Me dijo el que me llevó: "Parece que tenés novedades, de libertad". De ahí me informaron que yo iba a estar libre, me dijeron que prepare las cosas para llevar. Me fui al pabellón, le regalé todas mis cosas a los otros presos. Salí con lo puesto. Cuando llegué al barrio, muchos estaban contentos. Algunos dicen que por culpa mía los maltrataron esa noche de la detención.

Yo conocía a policías que me conocían bien cuando estaba libre, pero cuando estuve preso me castigaban sin compasión. Por eso, no llamo amigo a ningún policía. Eso fue lo que pasé y el maltrato que sufrimos los *qom* si queremos salir a mariscar. Tuve que empezar de nuevo porque no tenía nada. Perdí todo [...]. Empecé de nuevo. Ahora trabajo en una empresa y tengo mi casita.

Imagen 48. Santiago Torrent y su hija Rita, la madre del narrador.
Foto: Florencia Tola

# Reconocimientos nominales y violencias coloniales

Ana Vivaldi

El relato de Carlos Torrent condensa múltiples contradicciones que atraviesan el barrio toba de la ciudad de Formosa y es, al mismo tiempo, indicativo de las violencias constitutivas en la que los indígenas chaqueños están situados. Por un lado, la experiencia de Carlos es un síntoma de las contradicciones entre el reconocimiento oficial de derechos indígenas y humanos (ambos desarrollados en el período posterior a la ultima dictadura militar, es decir, a partir de 1983) y las instituciones estatales provinciales. En particular, la policía local y el sistema de justicia reproducen en ésta y otras instancias abusos específicamente dirigidos a grupos indígenas. Por otro lado, el evento que describe demuestra las contradicciones entre la forma en que los tobas crean y recrean su territorio a partir del uso, y la producción del espacio capitalista en el que montes, lagunas y pastizales son transformados en propiedad privada, abstraídos de sus cualidades y transformados en valor monetario. Esta última producción espacial no es generada de forma gradual y a través de acuerdos, sino a partir de una colonización sangrienta en las que los pueblos indígenas del Chaco fueron masacrados. El espacio transformado en propiedad privada borra cualquier relación social que no esté contenida en las relaciones de propiedad.

Estos son puntos que Henri Lefebvre (1991) demostró en relación a la construcción del espacio durante la formación del capitalismo refiriéndose mayormente a Europa y la ex Unión Soviética. En su libro *La producción del espacio* analiza cómo el capitalismo necesita producir lugares nuevos y homogeneizarlos, abstrayéndolos de toda relación social previa. El autor señala también que esta producción ha sido siempre violenta. En el evento ocurrido en *Namqom* se muestra que los grupos indígenas chaqueños desafían el borramiento de relaciones sociales anteriores e instalan formas de relacionarse con los espacios que están más allá (si bien no completamente desconectados) de la producción de valor capitalista. Para los tobas, de hecho, un mariscador y una mujer que recolecta materiales para la artesanía tienen derecho a ir al monte y procurarse estos elementos. La deuda no es con un propietario o proveedor, sino con los animales, plantas y seres no-humanos con quienes mantienen relaciones directas (ver Tola 2012, Medrano 2012). Estas relaciones constituyen una manera toba de producir el monte como espacio de común acceso, colectivo y compartido con otras formas de vida. Ellas son una forma de producción espacial que posee, sin duda, una profundidad histórica y que se ve violentamente confrontada por un proyecto alternativo de producción espacial que consiste en transformar los montes en propiedad privada en la medida en que la tierra puede ser vendida y comprada por poseer un valor monetario. Este evento indica que la colonización del Chaco no fue un evento pasado que tan solo resuena en la memoria actual, sino que es un proyecto que se perpetúa en el presente. Para el orden de la propiedad privada, no importa que un campo contenga montes con animales o bañados con totoras, ni que los campos estén atravesados por senderos que los tobas han producido y recorrido desde antes de "que los montes tengan un dueño" (como Timoteo Francia me explicó una vez y luego oí repetidas veces). No importa tampoco que la marisca sea una "práctica cultural" y que, como tal, esté protegida por la legislación indígena.

Ambas dimensiones (las contradicciones entre derechos y prácticas institucionales y aquellas entre el uso toba del monte y el de la propiedad privada) muestran que el mantenimiento de un espacio capitalista necesita continuar formas de violencia supuestamente abolidas en el marco de la legalidad ciudadana y democrática. Estas formas de violencia que incluyen balear a cazadores que ingresan al monte, atacar un barrio entero y violentar a personas en sus domicilios, detener personas sin causa justa, torturar detenidos (incluidos niños), así como incluyen violencias estructurales que mantienen excluido a un colectivo social de la economía formal y los derechos civiles por su mera condición étnica, hacen un uso indiscriminado de la fuerza y actúan por fuera de todo marco legal. La violencia es indiscriminada en cuanto a su despliegue y a la incertidumbre sobre el momento en que puede surgir, pero es discriminada al apuntar a los tobas en tanto indígenas específicamente. Barrios de clase media en la misma ciudad nunca serían atacados por un conflicto que incluye a alguno de sus miembros. "Un indio tiene que morir" no puede ser traducido a "un civil tiene que morir". "Indio por indio" nunca (al menos, nunca retóricamente) equivale a "ciudadano por ciudadano". Esto muestra que para los agentes de la violencia, indio y toba no es igual a ciudadano. Esto es también lo que Giorgio Agamben llama "estado de excepción", es decir, momentos en los que los derechos civiles son suspendidos y existen poblaciones enteras cuyo derecho más básico, el derecho a estar vivos, no se garantiza[63].

En el evento ocurrido en *Namqom* se produjeron múltiples violaciones. En primer lugar, no se respetó el derecho de los indígenas a cazar incluso cuando la cacería es considerada una práctica cultural y, por ende, está reconocida por la legislación indígena provincial y nacional64. No se respetó, tampoco, el derecho humano básico a no ser agredido ni torturado por fuerzas policiales. Estos dos abusos, si bien poseen diferencias respecto de los formas de violencia policial urbana, tienen puntos en común con las modalidades de excesos policiales que, en las grandes ciudades, se perpetúan hacia los cuerpos racializados de jóvenes pertenecientes a sectores populares. El ataque policial al barrio toba, a su vez, implicó el ataque focalizado y sistemático a un grupo étnico; otro hecho que viola simultáneamente derechos humanos y civiles, así como derechos colectivos de indígenas y minorías. El ataque fue una forma de violencia espacializada donde un barrio entero fue transformado en un *lugar de excepción*. En él, todos sus miembros fueron atacados al mismo tiempo y experimentaron la suspensión de sus derechos por el solo hecho de vivir allí y de reconocerse como indígenas. Finalmente, el juicio y el encarcelamiento de Carlos implicaron nuevas instancias de violaciones: violencia institucional en el marco de la ley y violencia hechas cotidianas en las golpizas de rutina que Carlos recibía dentro de la cárcel.

Estas líneas de fuerza, superpuestas y entrecruzadas, en las que Carlos se vio atrapado no son un evento desafortunado donde existieron fallas institucionales discretas o errores humanos específicos. Al contrario, hay que destacar que ellas se constituyen como formas generalizadas de despojo y deshumanización de los grupos indígenas en la provincia. Si bien Formosa fue una de las primeras provincias en generar un reconocimiento de los derechos indígenas (Ley provincial del Aborigen de 1984, anterior al reconocimiento constitucional nacional), dicho reconocimiento no implicó ni implica en la actualidad la eliminación de las formas de explotación laboral, expropiación de tierras y violación de derechos individuales y colectivos.

El hecho ocurrido en *Namqom* demuestra que no es un gobierno en abs-

---

63 *Estado de excepción* es un concepto que Agamben propone para explicar las formas de deshumanización de colectivos sociales que justifican y permiten formas de violencia extrema. Estas formas incluyen el exterminio. Agamben argumenta que los estados de excepción son momentos de interrupción de la ley, en el que los derechos civiles básicos son anulados con la justificación de proteger a la sociedad civil de una amenaza Su ejemplo es el genocidio nazi. Este concepto ha tenido gran adherencia como herramienta para pensar violencias extremas que se producen en sociedades contemporáneas y en un marco democrático. Derek Gregory (2006) reformula su propuesta y propone que, aun dentro de la ley, puede someterse a sectores marginalizados de la sociedad civil a estados de excepción. Es decir que, incluso dentro de marcos legales, puede someterse a poblaciones enteras a la deshumanización y a la no garantía de su derecho a permanecer con vida.

64 Legislatura de la Provincia de Formosa, 1984, Ley 426, Integral del Aborigen.

tracto, sino alianzas especificas las que ejecutan estas violencias. Una entidad privada, una institución estatal y el poder judicial se vuelven cómplices a la hora de redefinir el espacio local. El espacio de la ciudad, sus barrios, su periferia, las estancias y campos se organizan no solo en los regímenes legales que reglamentan la propiedad, sino también según las posibilidades que distintos actores tienen de actuar en él. Por un lado, la policía actúa dentro de un campo privado y alía el gobierno local con el poder económico en la expulsión de los indígenas de los montes. Por otro lado, el ataque policial al barrio, lejos de reconocer la autodeterminación que la ley promulga, define a un barrio indígena como un espacio subordinado a un poder que se constituye como absoluto que, al castigar, regula la totalidad de su población. Oficiales de la policía y jueces provinciales encuentran justificativo y lógica en golpear a mujeres embarazadas, encarcelar y torturar a niños y generar terror a un colectivo. El justificativo es poner orden, recordar a los indígenas que no son libres de entrar a montes y lagunas y que el barrio, donde deben ser sumisos y obedientes, es su único lugar. Todas estas acciones son formas de regulación de los movimientos de los tobas entre el barrio y el monte.

En el hecho violento al que nos referimos, el colectivo de instituciones provinciales y las instituciones nacionales se tornaron cómplices ya que permitieron que el entramado de violencias se desplegara sin interferencia. Lejos de subestimar los avances legales que se han realizado en las últimas décadas, la pregunta que este hecho nos fuerza a hacernos es: ¿qué prácticas pueden desarmar las violencias sistemáticas de las soberanías locales totalitarias que atraviesan y entretejen la vida de los tobas?

El relato de Carlos muestra también la intervención de Israel Alegre (un dirigente independiente del barrio) y de organismos no gubernamentales locales y nacionales que fueron claves para que mermaran las torturas a los detenidos. Sin embargo, la posibilidad de intervención encontró fuertes límites que se vinculan con la imposibilidad del campo legal de hacer frente a las alianzas de las soberanías locales que se fundan en el ejercicio de la fuerza física hacia los pueblos indígenas que desbordan lo legal. La pregunta que queda abierta es: ¿cómo generar acciones que detengan las cadenas de violencia generadas por las soberanías locales totalitarias antes de llegar al momento de tortura?

Para terminar, el relato de Carlos Torrent evidencia algunas dimensiones de autonomía que desafían y redirigen la experiencia de la violencia. Los hombres y mujeres del barrio insisten en seguir usando el monte y lo hacen al generar un acceso común a los recursos. En el barrio, a pesar de sus grandes limitaciones (en términos de pobreza económica, exclusión social, carencias en infraestructura y servicios, superpoblación, entre otros) surgieron formas de organización que fueron la primera instancia de intervención cuando sucedió el hecho. Entre estas organizaciones se destacan las iglesias evangélicas de liderazgo toba que reproducen lazos entre familias y entre comunidades, los maestros de educación intercultural y bilingüe, los agentes sanitarios y las asociaciones civiles indígenas que gestionan proyectos de desarrollo. Finalmente, el relato de Carlos demuestra un nivel aún más profundo de autonomía durante su privación total de libertad. Aún en la cárcel, Carlos recibió la visita de su abuelo. Aparecido en su sueño, su abuelo lo reprendió por no ser más astuto y saber cuidarse mejor de las violencias que intentan construir a los montes como propiedad privada y expulsar a los tobas. Su abuelo también le dio ánimo y fortaleza para seguir adelante y le anunció que había esperanza y que podría recuperar su libertad. Como Carlos mismo lo dice, salió de la cárcel sin nada pero ahora tiene trabajo y un hogar.

## Reflexiones sobre el tiempo

Florencia Tola

Historias de La Guerra, de muerte, violencia, atropellos y crueldades varias. Hazañas de *oiquiaxai*, guerreros y caciques; de hombres y mujeres que, luchando, resistiendo, elaborando estrategias, huyendo, atacando y comunicándose con pájaros, zorros, muertos y astros siguieron adelante hasta llegar a nuestros días. Transformados, sin duda, pero conservando, a través del paso del tiempo y de la sucesión de las generaciones, algo que constituye su singularidad, su *qom lataxac* o 'forma de ser *qom*' reacomodada a las realidades que viven en la actualidad.

En este libro hemos querido dar a conocer las palabras de quienes vivieron o escucharon los hechos que sus antepasados no tan lejanos les narraron sobre ese momento tan confuso en el que los blancos venían a matarlos, enfermarlos, esclavizarlos y quitarles sus tierras y sus hijos. Compuesto por voces antiguas y modernas, este libro se centró en los sentidos que hombres y mujeres de la zona central de Formosa y Chaco les otorgan a los sucesos vividos por sus antepasados durante la Conquista y colonización; momento a partir del cual los pueblos indígenas perdieron la soberanía territorial y la autodeterminación de sus vidas y debieron aprender a convivir con otros indígenas y con blancos en Misiones, Reducciones; lejos de sus parentelas y espacios conocidos.

Muchas de estas voces que la fuerza de la violencia y el sentido de superioridad acallaron surgen hoy movidas por el deseo de los jóvenes de conocer su pasado y de proyectar, a partir de él, su porvenir. Un porvenir que se ancla, sin duda, en las memorias de La Guerra, la crueldad y la violencia, pero que también se nutre de los saberes más antiguos de la vida de los antepasados, del monte, de los dueños de los animales y del poder de quienes sabían curar y comunicarse con personas del cielo, de la noche y del agua.

Continuando con la línea de indagación sobre la historicidad amerindia propuesta por Hill (1988), Menget (1999), Albert y Ramos (2000), Gow (2001) y Fausto y Hackenberger (2007)[65], a través de la selección y organización de relatos *qom*, hemos intentado, al menos, plantear los interrogantes acerca de cómo estos indígenas conciben el cambio y quiénes son los agentes del mismo, cómo opera la inscripción de la memoria y de las relaciones en el entorno y cómo los relatos del pasado construyen el presente y el porvenir de este pueblo chaqueño.

Menos preocupados por reconstruir la historia indígena en sentido único, englobador y hegemónico, decidimos centrarnos en lo micro y lo local y mostrar que los eventos precisos y acotados que las narraciones describen se anclaron en la memoria de hombres y mujeres imprimiendo en cada uno de ellos una huella relativamente variable. En este sentido, "[…] las fuerzas impersonales del medio ambiente, la cultura y la economía […]" (Fausto y Hackenberger 2007: 3) llamaron nuestra atención menos que la "[…] acción humana, la historia *in the making* y las negociaciones intersubjetivas […]" (*ibid.*: 4, traducción nuestra).

Con respecto a estas últimas, cabe destacar que las historias que editamos expresan que en el mundo *qom* la intersubjetividad incluye, además de las personas humanas, a diversos sujetos pensantes y sintientes (plantas, truenos, rayos, piedras, aves y muertos) que, lejos de ser considerados como objetos inertes y externos al ser humano y al mundo, poseen una capacidad de acción sobre ellos. Este reconocimiento de capacidades semejantes a las propias en tales entidades o *personas-otras* y el tipo de vínculos que los *qom* entablan con ellas nos inducen, al menos, a poner en duda nuestras propias categorías de agencia, persona e historia al advertir los límites de estos conceptos (así como de otros) cuando son confrontados con realidades sociales diferentes y con principios ontológicos no naturalistas. Es por esto que nuestra selección de narraciones y el modo en que las presentamos quisieron dar cuenta de que en el Chaco, la historicidad y la agencia son, en efecto, una cuestión tanto humana como más que humana.

El territorio recorrido por los antiguos, nombrado y habitado por las "razas" es el escenario en el que los *qom* y los no-humanos llevaron adelante la lucha por la sobrevivencia: en los nombres de los lugares y en ciertos vestigios y hallazgos presentes en el monte están grabadas las interacciones con los blancos así como con el trueno, los pájaros-personas, los zorros que hablan, el elefante del cielo y la víbora-mujer. Describiendo la geografía y topografía chaqueñas *de* los *qom* accedemos a los recorridos de los antiguos subgrupos, a su historia vivida, así como a las concepciones sobre lo que *es* una persona y la vinculación inmanente entre el cielo

---

65 Herederos, muchos de ellos, de las propuestas de M. Salhins.

y la tierra, la tierra y las profundidades del agua, los vivos y los muertos y el pasado, el presente y el futuro.

La selección de relatos que explicitan una manera propia de articular temporalidades y espacialidades diferentes, que reconocen la fuerza de la agencia no-humana y que dan cuenta del anclaje de la historicidad en el espacio permitió mostrar la diferencia profunda que existe entre los regímenes de historicidad y la memoria de los *qom* y aquellos propios de la historiografía occidental o de nuestra lógica histórica. El ámbito de la historia pareciera evidenciar la dificultad de sostener la existencia de un único y mismo mundo (hecho de sucesos objetivos que blancos e indígenas vivieron) representado de modo diverso por cada cultura (la versión *qom/* blanca de la historia).

A lo largo del libro, historiadores e indígenas dan cuenta de que no siempre existieron concordancias entre los hechos que la historiografía describe y aquellos que la memoria oral refiere. Asimismo, en la narración *qom* del pasado encontramos sucesos y personajes transtemporales y transespaciales (*Taigoye* y la tierra removida por *Qasoxonaxa*) que el relato historiográfico no logra identificar e incluso ubicar en la línea de tiempo o en un lugar exclusivo del territorio chaqueño. Dar cuenta de estas divergencias no implica, entonces, amansar la diferencia al presentar mundos (e historias) distintos como sorprendentemente similares (Povinelli 2001). Reconocer la existencia de múltiples ontologías[66], es decir, de diversas formas en las que la existencia del mundo puede ser pensada (Di Giminiani 2013) contribuye con la aceptación de la diferencia tal como ella se manifiesta.

Si un "[…] análisis antropológico del pluralismo político es incompleto hasta que no tomamos en serio la posibilidad de un pluralismo ontológico […]" (Di Giminiani 2013: 528, traducción nuestra), la misma advertencia vale cuando intentamos mostrar el pluralismo existente en las maneras de narrar el pasado y el paso del tiempo. Tomar en serio los regímenes de historicidad *qom* o su modo de tratamiento del tiempo implica aceptar que la historicidad no se limita a la Historia, que la "historia de los pueblos indígenas" no empieza ni termina en sus interacciones con el Estado, que ella no es tan solo la historia de los olvidados por la Historia y, fundamentalmente, que no existe *una* "Historia de los pueblos indígenas" única y dogmática, sino una multiplicidad de historias o "[…] una mitología plural, heterogénea […]" (Boelscher 1988 citado en Menget 1999: 159, traducción nuestra).

La historicidad chaqueña vista por los *qom* es, más precisamente, la sucesión articulada y espiralada, de abajo hacia arriba y de arriba hacia abajo, de hechos y personajes transtemporales y transespaciales. Dicha sucesión no es lineal, secuencial ni única, sino que envuelve, en idas y vueltas múltiples y con variaciones, a personas-lugares-hechos tales como Cristóbal Colón, La Cangayé, *Taigoye*, *Huo-*

---

66 Sobre el tema ver Descola (2005), Henare, Holbraad y Wastell (2007), Venkatesan (2010), Blaser (2012), Holbraad, Pedersen y Viveiros de Castro (2013), Horton s/f, entre otros.

*qauo lae'*, *Meguesoxochi*, Cabral, *Patoqoi*, a los humanos que ingresaron en la cueva subterránea, a los animales-nombres-plantas que se originaron de los humanos que entraron en la cueva, al *oiquiaxai* que hablaba con los pájaros, a San Martín, a los jóvenes que luchan por la reivindicación territorial, al chamán que extrae la "piedra" que *es* la viruela (y no un *como si fuera* la viruela) y a las almas-sangres enojadas de los *qom* que fueron asesinados por *raloxo* (viruela).

Aunque algunos *qom* mencionan que la viruela surgió en el oeste, más precisamente, en los ingenios a los que sus antepasados iban a trabajar, ella se convirtió rápidamente en la expresión de un desorden social generalizado: personas que abandonaban a sus parientes cercanos contagiados, personas que durante una huida de *raloxo* debieron dejar morir de sed a una anciana enferma que fue encontrada en el monte, almas de muertos enojados que la viruela mató y que se propagaron como humo y atacaron a otros *qom*… En síntesis, este desorden —ocasionado por las alteraciones radicales en las formas de vida, de movilidad y de relacionarse que la Conquista y colonización causaron— se expresó en quiebres importantes en los valores que rigen la vida social y las relaciones de parentesco de los *qom*.

En este escenario, el chamán fue quien absorbió el desorden y lo tradujo: *raloxo* podía ser curada no solo con productos de limpieza, sino a partir de la succión que él realizaba a los cuerpos enfermos. Succión y extracción —según el relato registrado— de una piedra… Así, la idea de que la viruela fue una enfermedad que los blancos propagaron a través de la entrega de ropa contagiada convivió y convive con la idea de que ella es una persona que mata, que ataca intencionalmente y que puede ser extraída del cuerpo, al igual que otras, restituyéndose de este modo el orden en las relaciones.

Otro elemento de los relatos que llama *nuestra* atención es la asociación entre *raloxo* y *norecalo* (el fuego). El fuego y la viruela vinieron a marcar un cambio de mundo: el fuego marcó el comienzo de los animales derivados de los humanos, así como *raloxo* significó el fin de una época de libertad y autodeterminación tanto territorial como ontológica.

Ahora bien, las relaciones entretejidas con los blancos arribados al Chaco y la intensificación posterior de las interacciones con la sociedad argentina (formoseña y chaqueña, principalmente) fueron generando en los *qom*, al igual que en los pueblos indígenas de Brasil, una "toma de consciencia creciente en relación a la historia que los rodea y a la categorización "étnica" que los particulariza" (Menget 1999: 154, traducción nuestra). En este libro, hemos mostrado precisamente que esta nueva visión de la historia y del lugar que ellos ocupan en tanto agentes no invalida la antigua manera de pensar la sucesión del tiempo y la concatenación de acontecimientos. Los relatos recopilados muestran precisamente la labor ingeniosa de los *qom* que consiste en introducir, sin mayores contradicciones, en la historia dominante lugares, personajes y hechos del mundo descrito por los ancianos; un mundo que se caracteriza por estar cargado de agencia e intención no solo humana.

Como bien aclara Menget para el caso brasileño, esta realidad dual dividió a los etnógrafos en dos grupos: unos dedicados a la consciencia basada en el mito y otros interesados por reconstruir, a partir del "paradigma de la historia (necesariamente occidental), las historias indígenas, negras, en síntesis, [las historias] de todos los olvidados o vencidos de la Historia" (*ibid.*: 155, traducción nuestra). En el Chaco, también esta oposición atravesó los primeros estudios etnográficos: los indígenas fueron mostrados o como los detentores de una consciencia mítica al margen de la Historia, o como los actores activos de una lucha reivindicativa por la tierra y la identidad en la que había poco margen para explicitar aquello que no fuera compatible con el universo no-indígena. En las últimas décadas, la antropología de la región renovó el interés por las dimensiones históricas de las sociedades chaqueñas y por las investigaciones etnohistóricas, así como por articular la historicidad a las cosmologías indígenas en un intento por superar la dicotomía en cuestión[67].

Si la presentación que varios líderes contemporáneos hacen de su "historia indígena" a partir de reorganizar elementos de la memoria de los ancianos en función de los datos externos a su sociedad y siguiendo un orden cronológico (Menget 1999), permite evitar malentendidos (en el sentido de equívocos surgidos por la extensión de significados familiares a fenómenos homónimos, Viveiros de Castro 2004) y entablar diálogos con los blancos, esto no necesariamente refleja el modo propio de los *qom* de organizar sus entendimientos de los hechos del pasado. Éstos son el resultado de los vaivenes articulados de indígenas, militares, tormentas, cautivas y elefantes del cielo.

De manera muy ilustrativa, Menget expresa: "Del mismo modo en que no existe en la realidad dos sectores sin comunicación en la economía mundial, la economía narrativa no puede separar las historias de los primeros tiempos del relato de los acontecimientos recientemente vividos" (*ibid.*: 155, traducción nuestra). Las narraciones orales que registramos y compilamos junto con Valentín Suarez reflejan esta coexistencia entre una modalidad de relatar y articular acontecimientos vividos o referidos por otros, y la "nueva historia" (Menget, *ibid.*) que los grupos chaqueños, más precisamente los *qom*, vivieron y trasmitieron de generación en generación.

A modo de epílogo exponemos a continuación palabras de una pluralidad de hombres y mujeres de Formosa que tejen, fina y hábilmente, un puente entre la memoria de La Guerra y el pasado más sórdido, el presente y un futuro que contiene potencialmente el pasado. "La antigüedad" de los *qom* convive con "el modernismo" que los atraviesa. Estos tiempos están cargados ya no de guerra (al menos no la

---

67 Ver Cordeu *et al.* (Informe Científico final del proyecto PICT 98, S/F), Gordillo (2005, 2010), Combès (2005) Wright (s/f, 2008), Ceriani (2008a), Richard (2008, 2011), Salamanca (2011), Villar y Combès (2012), Tola, Medrano y Cardin (2013), Sendón y Villar (2013), Messineo (2014), Córdoba, Bossert y Richard (2015), entre otros.

misma guerra), sino de sabiduría e inteligencia, tal como dice Timoteo. Una inteligencia que es, a la vez, riqueza y supervivencia. Son los jóvenes de hoy en día quienes, nutriéndose del saber de los ancianos, emprenden la lucha por la recuperación del territorio y por la igualdad de posibilidades. Un territorio entendido como el porvenir y como aquello que une el pasado con el futuro, como lo que les permitirá salir de "la servidumbre", la posibilidad de dejar de ser "inquilinos" en lo que fue, no tan antiguamente, su *lma'*, su 'lugar', su 'casa'.

### Supervivencia máxima. Sabiduría vs. La Guerra

Ahora dicen que estamos en el tiempo de la sabiduría, de la quietud. Todos estos tiempos fueron como si se saliera de una visión. Por ejemplo, *Patoqoi* y Dionisio, el cacique Moreno de Las Palmas, todos ellos vieron y supieron y dijeron en aquel tiempo que va a venir esta civilización. Ellos vieron las rutas, los autos, todo. A esta altura, cuando uno medita, [se da cuenta de que] esto es lo que dijeron nuestros *oiquiaxai*, nuestros héroes [...]. Hace tantos años ya estaban viendo [lo que vendría], no erran, exactamente lo que ellos dijeron [vino]. Ahora pasó la época de La Guerra donde estaban los *oiquiaxai*, nuestros guerreros. Ahora está nada más el campo de la sabiduría, el campo de la inteligencia [...]. No hay *oiquiaxai* porque el *oiquiaxai* es la persona que, en aquel momento, estaba porque había guerra. No era el momento de la sabiduría. No se recurría a la sabiduría. Todavía no se manifestaba [...]. Ahora hay un juego de sabiduría, un juego de inteligencia. Por lo tanto, es una supervivencia máxima.

Timoteo Francia

### Sin tierra, servidumbre. Territorio como sabiduría y riqueza

Nos gobiernen mal o nos gobiernen bien, nosotros tenemos que saberlos enfrentar a nuestra manera, a nuestra manera. Este es el tiempo de la sabiduría, el tiempo de la inteligencia. Hay que usar lo que uno tiene. Tenemos el territorio, es donde nosotros nos explayamos. Por eso la importancia del territorio, porque el territorio no tiene límites. El territorio no es un lote. Esto [*Namqom*] no es territorio. Dentro del lote, vos miras y no hay río, no hay bosque, no hay animales, no hay nada. El territorio es hasta donde uno puede llegar [...]. Por eso, el territorio es bueno, es la inteligencia, es la sabiduría. [Tenemos que] rescatar los montes, defenderlos porque el monte es nuestra provisión. No se ven nuestros galpones llenos de harina, llenos de alimentos no se ven. Nuestra provisión allá está, en el campo, en el monte. Ahí está nuestra riqueza.

Timoteo Francia

En un tiempo éramos ignorados, no somos personas, no somos ciudadanos. Después nos dieron el DNI y el derecho de reconocernos como personas, [como] cualquier ciudadano. Somos extraños en nuestra propia tierra, vivimos en esta tierra como mayordomos, como cuidadores de campos. Viene el dueño de la tierra y nos dice de irnos. Por eso la importancia de la tenencia legal de la tierra. Desde la conquista estamos en servidumbre. Tenemos derecho a vivir, pero nada más [ … ].

Timoteo Francia

Las leyes de los aborígenes las manejan los blancos y nunca podemos mejorar en nada. Todas las leyes destinadas a los pueblos aborígenes no se cumplen como deberían cumplirse, son ficciones. El reclamo del pueblo aborigen es una campana de madera que no suena. La ley aborigen es como una planta anfibia: va y viene donde la lleven. No se respeta el pensamiento aborigen. La ley nuestra está muy degradada, con el tiempo se fue desfigurando con tanto decreto [...] No nos respetan como dueños naturales y dueños de esta tierra. No somos inquilinos.

Israel Alegre (adulto de *Namqom*)

## Cuando termina la guerra

Cuando hubo guerra y la gente se pierde se sacan la ropa y se ve de dónde eran, de qué grupo. Se tatuaban para reconocer si eran *lañaxashec* o *tacshic* o de otro grupo. Los varones de *rapigueml'ec* se ponían una vasija en el brazo, el pecho o la frente. Las mujeres se hacían dos rayas en la frente o en las mejillas o un redondel de puntitos. Con un cactus, una tuna petiza con espinas, sale una resina y después parece un polvillo. Se saca esa resina y se llena un platito, se le pone agua y a los pocos minutos es una pintura como esmalte. Las espinas de cactus usan como lapicera.

Mauricio Maidana

Antes, 60 o 100 personas integraban una familia y huían del ejército. Algunos son capturados por perros, por proyectiles, por el peso de su cuerpo, pero los que quedan, quedan y se reorganizan. Aparecen los cabecillas de cada familia. Ya en 1930, 1940 *ntoxoñi*, la calma, no más presencia de ejército. Empiezan a caminar, se reunieron los cabecillas y se preguntaban: "¿cómo te salvaste?".

Timoteo Francia

## Hilando, confluyendo. Nuestro modo de pensar el pasado

Había caciques que peleaban con los cristianos: *Meguesoxochi, Tesoyi, Matoli*. El último mató a San Martín. Cristóbal Colón vino pidiendo permiso para prestar las tierras de Argentina, los caciques ya se hicieron mansos y le dieron las tierras. Después vino más gente, más gente hasta que se llenó Argentina. Al final ya le querían sacar al aborigen. Acá estamos juntados como en un chiquerito. Acá, en la Argentina, todos eran aborígenes, nada de cristianos hasta cuando llegó Cristóbal Colón y empezó a llegar más gente. Traían sus animales. Venían para fundir [matar] a los aborígenes pero no podían porque también tienen su poder. Hay días que matan tropas de cristianos y otros que matan a aborígenes. En el monte vivían. Vino Colón para pedir prestado pero no era así. Mi mamá alcanzó a recordar la historia.

Amado Álvarez (anciano de San Carlos)

Nosotros éramos nómades, no construíamos casa para toda la vida. Ahora tenemos esta casa y los blancos que vienen sacan foto como si fueran primitivas. Es en realidad la casa primitiva de ellos, no la nuestra. Lo más importante de la riqueza era la comida que había acá y ahora desapareció. Ahora lo que comemos viene de fábrica [...]. Los ancianos lucharon para tener dignidad, vivir en la sociedad y conseguir las tierras. Los jóvenes creen que los padres antes eran ricos y creen que por culpa de los papás ahora son pobres. Se confundieron de Cristóbal Colón. Ellos estaban preparados para hundir los barcos y echarlos, pero no lo intentaron. Éramos ricos antes. Ahora no veo esa riqueza. Yo soy la pulga de mis antepasados, ellos viven en mi interior. Yo estoy viendo la actualidad. Algo muy feo les pasó a los aborígenes de acá: matanzas, hurtos, guerra.

Seferino Flores (joven de *Namqom*)

*Oiquiaxai* es como en el capítulo 3 del libro de Daniel, de la Biblia. La palabra bíblica dice astrólogo, adivino, filósofo. En el dialecto toba es *oiquiaxai*. Cuando se habla de los más poderosos, nadie lo puede atrapar. Él adivina lo que va a pasar porque tiene espíritu divino. Se comunica con el espíritu, con el aire. Él ya sabe lo que va a pasar mañana. Tiene revelación. Si viene un ejército que quiere matar, él ya sabe y se preparan o escapan. Con el aire o un pájaro que canta [habla], ya sabe que alguien está viniendo, el adivino sabe. Estos son los caciques valientes, gracias a ellos están estas generaciones. Es muy diferente de la época de ahora, ya conocemos que hay un Dios, si tenemos fe en él, somos socios de él. Tenemos la potencia de él. Si estamos con Dios, ese es nuestro armamento.

Rufino Núñez (anciano de *Namqom*)

Antes no tienen casa, propiedad. Se van lejos y arman su casita de totora y palo. Y después se la llevan con un burro. Andan en el campo mariscando. Hoy es distinto, salen de paseo, pero tienen su casa y vuelven. Un día vino un cura y le hace trabajar a la gente, cambiando, trabajan y le dan de comer todo el día. Hicieron una capilla. "Ustedes tienen que trabajar, tener plantación". Van cambiando por medio del cura. Más antes éramos animales, después Dios cambió el mundo y se hicieron hombres. Pero el corazón quedó.

Teresa Benítez (anciana de *Tacaglé*)

## No-humanos en el renacer de las especies

*Qasoxonaxa* [el dueño del rayo y trueno] es el renacimiento de la especie en la tierra, para que puedan brotar nuevamente las plantas. Si el rayo no existiera, las frutas no se abrirían. Los que están debajo de la tierra con el rayo brotan y tienen vida de vuelta. Con el rayo se abre el cascarón. Hay palos que largan su fruta dura y solo con el rayo se abren. El suelo necesita del cielo y del rayo para renacer. Es como las relaciones sexuales: se necesita del hombre y la mujer para hacer nacer una vida.

Seferino Flores (joven de *Namqom*)

La vida es como un árbol y da el fruto. Multiplicándose van a tener larga vida todos, nutrición y alegría.

Rosarino Mendoza (adulto de *Namqom*)

## Nuestra antigüedad sí sirve

Nunca un joven iba a estar tirado en la calle en ese tiempo porque cuidan y respetan a los ancianos. El anciano le dice a su hijo: "lo que estás haciendo no me gusta, deja eso". Y la anciana a la hija: "lo que haces no me gusta" y la jovena debe respetar. Eso enseñan los viejos. Mucha gente dice que no sirve nuestra antigüedad. [Dicen eso] porque no saben cómo caminaban y andaban nuestros antepasados. Y esas costumbres nunca uno puede sacar. Nunca voy a olvidar cómo fui criado, nunca, porque le enseñé así a mi hijo. Todo lo que me enseñó un anciano tengo que enseñar a un joven para que tenga vida larga [...]. Nadie puede sacar nuestro idioma, nuestra cultura. Cabral murió por la patita de la olla que le tiraron los tobas. Los pájaros avisaban la llegada del blanco.

Federico Gómez (anciano de San Carlos)

Las mujeres recogían frutas, leña, *amap*, miel bajo tierra, cuidaban a los hijos. Los hombres miel de los árboles porque es más peligroso. Entre varias mujeres se iban al monte. Los hombres antes en el lote [*Namqom*] mariscaban como en el lugar de origen. Las mujeres bailaban solas con *lteguete* por el camino y se bailaba el baile del sapo (*nmi'*). Antes acá la gente era más unida porque eran pocas familias. Se juntaban en la iglesia y se veían. Ahora hay más problemas porque entre familias no se conocen. Cuando no había evangelio bailaban *peraxanaxae*, pero después cuando vinieron [los blancos] lo despreciaban. Los de antes no envejecían tanto, no cambiaban con el tiempo. Los nuevos sí, rápido se envejecen. Debe ser por la comida. Antes comían carne de ñandú asada, tatú también.

Graciela Núñez (mujer adulta de Namqom)

Llegará el momento en el que el aborigen volverá a su primera época, a comer como comía antes. Ahora los aborígenes están dentro del modernismo, los nuevos no quieren comer ni miel, ni carpincho, solo milanesa y hamburguesa. Cuando cocinas comida del monte no tenés que tapar la olla porque al hombre se le acorta la vista.

Romualda López (mujer adulta de Namqom)

Ahora los nuevos se copian de los blancos, hasta se visten como ellos. Es muy distinto que antes. Ahora yo pienso, los nuevos estamos bien, a lo mejor en otra época se va a cambiar también, pero algunas cosas no tenemos que perder, por ejemplo el idioma, la forma de hablar. A veces los aborígenes quieren hablar en castellano para no ser discriminados. A los muchachos de ahora ya no les importan las historias.

Lidia Alejo (mujer adulta de Namqom)

Cuando era jovencita tenía la inquietud de que alguien me enseñe el castellano. Si uno no entiende es una tristeza, como si fuera que te retan. Muy triste. Mi juventud era muy triste. Yo no sabía qué es castellano, ni leer, ni escribir. Sabía solo comer y lavar. Cuando me acostumbré con una señora, aprendí. En mi juventud yo no tenía maestra pero no me fui a hacer borracha, no alcancé a que los hombres me jueguen. Por mi analfabetud me junté con uno que no me cuidaba y después con uno que sí. Uno tiene que amar a Dios, él te pone la conciencia buena, la paciencia, porque sin él nada somos.

Raquel Acosta (anciana de Namqom)

**Ahora está prohibido todo el monte. Si uno no tiene trabajo lo mata el hambre**

Esto es antes, antes, antes, antes. Ahora hay gente nueva. A mi papá no le mató la enfermedad, la vejez lo mató. Era viejito. Era médico, curaba a la gente, los criollos venían, le traían queso pero no comía [...]. Igual que mi suegra, antigua también, nunca alcanzó la enfermedad. Ahora somos gente nueva y nos agarramos enfermedades fuertes. Ahora mueren a los 12, 14, 30 años. Los antiguos nunca. Hasta alcanzaban los 100 años. Por eso cuando moría uno, no había que llorar. No había enfermedad, se iban directo al cielo. No conocíamos gripe. Comíamos pescado, miel, ñandú, por eso no había enfermedad. Ahora todos enfermos del estómago. La gente antigua no. Ahora cada vez más débil. Cuando nacían los chicos no conocían el hospital, hasta los hombres iban a asistir a la señora. Ahora van al hospital y si tienen suerte van a vivir, si no, los van a operar. En el monte hay remedios. Cuando duerme la mujer, ponen en el colchón el remedio. Finita es la hoja, bien amarilla. Lindo remedio para embarazada. Ponés en tu colchón y nacen rápido los bebes. Cuando yo era joven me trajo mi abuela ese remedio, yo no conozco el hospital. Nacen los chicos a la noche y a la mañana no sentís nada. Al aborigen casi no lo mató el hambre. Siempre tiene planta para comer, frutas. Hay que aprender para más adelante, muy cara está la comida. Ahora está prohibido todo en el monte. Quiero comer esa comida... Acá cuando uno no tiene trabajo, lo mata el hambre.

Santa Cabral (anciana de *Namqom*)

# BIBLIOGRAFÍA

AGAMBEN, Giorgio. 1998. *Homo Sacer.* Stanford, California, Stanford University Press.

ALBERT, Bruce y RAMOS, Alcida (orgs.). 2000. *Pacificando o Branco. Cosmologias do contato no Norte-Amazônico.* São Paulo, Editora da UNESP.

ALEGRE, Israel y FRANCIA, Timoteo. 2002. *Historias nunca contadas.* F. Tola y C. Salamanca (eds.). Buenos Aires, Ediciones del Tatú.

ALTAMIRANO, Marcos SBARDELLA, Cirilo y DELLAMEA DE PRIETO, Alba. 1987. *Historia del Chaco.* Resistencia, Editorial Dione.

ALTAMIRANO, Marcos. 1988. *Efemérides Nacionales y de la Provincia del Chaco.* Resistencia, Yatay.

ALTAMIRANO, Marcos, SBARDELLA, Cirilo y DELLAMEA DE PRIETO, Alba. 1994. *Historia del Chaco.* Resistencia, Cosmos Editorial, 2°edición.

ÅRHEM, Kaj. 1990. "Ecosofía makuna", en F. Correa (ed.), *La selva humanizada: ecología alternativa en el trópico húmero colombiano,* pp. 105-122. Bogotá, Instituto Colombiano de Antropología.

BALAZOTE, Alejandro. 2002. "Reasentamiento forzoso de población y regularización territorial en el Interfluvio Teuco-Bermejito (Provincia de Chaco)", *Cuadernos de Antropología Social* 16: 165-184.

BARÚA, Guadalupe. 2007. *Un Arte Delicado. Relaciones entre el parentesco, el conflicto y el Acontecimiento entre los wichí del Chaco Central.* Buenos Aires, Dunken.

BECK, Hugo.
1994. "Relaciones entre blancos e indios en los Territorios Nacionales de Chaco y Formosa. 1885-1950", *Cuadernos de Geohistoria* 29. Resistencia, Instituto de investigación de Geohistoricas.

1996. "Pueblos del Chaco: el poblamiento del territorio a partir de la formación de núcleos urbanos (1870-1950)", *Revista Nordeste serie Docencia* 2 (3): 47.

2001. "Inmigrantes europeos en el Chaco. Transición del pluralismo al crisol", *Cuadernos de Geohistoria Regional 39.*

Blaser, Mario. 2012. "Ontology and indigeneity: on the political ontology of heterogeneous assemblages", *Cultural Geographies* 1-10.

Bonilla, Oiara.

2005. "O bom patrão e o inimigo voraz: predação e comércio na cosmologia paumari", *Mana: Estudos de Antropologia Social* 11: 41-66.

2007. *Des proies si désirables: soumission et prédation pour les Paumari d'Amazonie brésilienne.* PhD in social anthropology and ethnology, École des Hautes Études en Sciences Sociales, París.

Braunstein, José. 1983. "Algunos rasgos de la organización social de los indígenas del Gran Chaco", *Trabajos de Etnología* 2: 9-102.

Braunstein José y Meichtry, Norma (eds.). 2008. *Liderazgo. Representatividad y control social en el Gran Chaco.* Corrientes, EUDENNE.

Braunstein, José y Miller, Elmer. 1999. "Ethnohistorical Introduction", en E. Miller (ed.) *Peoples of the Gran Chaco,* pp. 1-22. Westport, Connecticut, Bergin y Garvey.

Braunstein, José. y Rodríguez Mir, Javier. 1994. "Sedentarización y etnicidad. El caso de los matacos en Las Lomitas (Argentina)", *Runa* 21: 263-270.

Burucúa, José Emilio y Kwiatkowski, Nicolás. s/f. "El Padre Las Casas, De Bry y la representación de las masacres americanas".

Cabrera, Ángel y Willink, Abraham. 1980. *Biogreografía de América Latina.* Washington, Organización de Estados Americanos.

Canevari, Marcelo y Fernandez Balboa, Carlos. 2003. *100 Mamíferos Argentinos.* Buenos Aires, Editorial Albatros.

Canevari, Marcelo y Vaccaro, Olga. 2007. *Guía de mamíferos del Sur de América del Sur.* Buenos Aires, L.O.L.A., Literature of Latin América.

Carranza, Angel. 1883. *Expedición al Chaco Austral.* Buenos Aires, Imprenta Europea.

Censabella, Marisa. 1999. *Las lenguas indígenas de la Argentina. Una mirada actual.* Buenos Aires, EUDEBA.

Ceriani Cernadas, Cesar.

2007. "El tiempo primordial. Memorias tobas del pastor Chur", *Revista Ciencias Sociales* 18: 71-86.

2008a. *Nuestros hermanos Lamanitas. Indios y Fronteras en la imaginación Mormona.* Buenos Aires, Biblos / Culturalia.

2008b. "Vampiros en el Chaco. Rumor, mito y drama entre los toba orientales", *Indiana* 25: 27-50.

2014. "Configuraciones de poder en el campo evangélico indígena del Chaco argentino", *Sociedad y Religión* 41 (24): 13-42.

Cesarino, Pedro de N. 2010. "Donos e duplos: propriedade e replicação entre os Marubo", *Revista de Antropologia* 53: 147-99.

Citro, Silvia. 2009. *Cuerpos Significantes. Travesías de una etnografía dialéctica.* Buenos Aires, Biblos / Culturalia.

Combes, Isabelle. 2005. *Etno-historias del isoso. Chané y chiriguanos en el Cha-*

co boliviano (siglos XVI a XX). La Paz, PIEB / IFEA.

Cordeu, Edgardo. 1969-1970. "Aproximación al horizonte mítico de los tobas", *Runa* 12 (1-2): 67-176.

Cordeu, Edgardo y de los Ríos, Miguel. 1982. "Un enfoque estructural de las variaciones socioculturales de los cazadores recolectores del Gran Chaco", *Suplemento Antropológico* 17 (1): 147-160.

Cordeu, Edgardo; Fernández Josefina; Messineo Cristina; Ruiz Moras Ezequiel; Wright Pablo (eds). s/f. *Memorias etnohistóricas Del Gran Chaco*. Informe científico final Del Proyecto PICT-BID 98 4400, Buenos Aires.

Cordeu, Edgardo y Siffredi, Alejandra. 1971. *De la algarroba al Algodón. Movimientos milenaristas del Chaco Argentino*. Buenos Aires, Juarez.

Córdoba, Lorena; Bossert, Federico y Richard, Nicolás. (eds.) 2015. *Capitalismo en las selvas. Enclaves industriales en el Chaco y Amazonía indígenas (1850-1950)*. San Pedro de Atacama, Ediciones del Desierto.

Chaumeil, Jean Pierre. 1983. *Voir, savoir et pouvoir. Le chamanisme chez les Yagua du Nord-est péruvien*. París, Éditions de l'École des Hautes Études en Sciences Sociales.

Chico, Juan y Fernández, Mario. 2009. *Napa'lpi. La voz de la sangre*. Resistencia, Instituto de Cultura.

Daillant, Isabelle. 2003. *Sens dessus dessous: Organisation sociale et spatiale des chimane d'Amazonie bolivienne*. Nanterre, Société d'Ethnologie.

Delrio, Walter Mario. 2010. *Memorias de expropiación. Sometimiento e incorporación indígena en la Patagonia 1872-1943*. Bernal, Universidad Nacional de Quilmes.

Descola, Philippe.

1986. *La nature domestique. Symbolisme et praxis dans l'écologie des Achuar*. París, *Maison des Sciences de l'homme*.

2005. *Par-delà nature et culture*. París, Gallimard.

Las Casas Bartolomé de. 1552. *Brevísima relación de la destrucción de las Indias Occidentales presentada a Felipe II siendo príncipe de Asturias, por don Fray Bartolomé de las Casas, del Orden de Predicadores, Obispo de Chiapa*. Impresa en Sevilla, reimpresa en Londres, y ahora en Filadelfia, por Juan F. Hurtel, 1821.

Di Giacomo, Alejando y Krapovickas, Santiago (eds.). 2005. *Historia natural y paisaje de la Reserva El Bagual, Formosa, Argentina*. Buenos Aires, Aves Argentinas y Asociación Ornitológica del Plata.

Di Giminiani, Piergiorgio. 2013. "The contested rewe: sacred sites, misunderstandings, and ontological pluralism in Mapuche land negotiations", *Journal of the Royal Anthropological Institute* 19: 527-544

El noticioso. 1941. Índice alfabético por materias. Preparado por la sección prensa y radiodifusión de la Dirección de propaganda y publicaciones. MAN de la Nación Ministro de Agricultura: Dr. Daniel Amadeo y Videla. Editado por la Dirección de Propaganda y Publicaciones. Buenos Aires.

Fausto, Carlos.

2001. *Inimigos fiéis: história, guerra e xamanismo na Amazônia*. São Paulo, Edusp.

2008. "Donos demais: maestria e propriedade na Amazônia", *Mana: Estudos de Antropologia Social* 14: 329-366.

2012*a*. "Masters in Amazonia: Harry Walker's 'Demonic trade: debt, materiality and agency in Amazonia'", *Journal of the Royal Anthropological Institute* 18: 684-6.

2012*b*. "Too many owners: mastery and ownership in Amazonia", en M. Brightman, V. Grotti y O. Ulturgasheva (eds.) *Animism in rainforest and tundra: personhood, animals, plants and things in contemporary Amazonia and Siberia*, pp. 29-47. Oxford, Berghahn.

Kohn, Eduardo. 2007. "Animal masters and the ecological embedding of history among the Ávila Runa of Ecuador", en C. Fausto y M.J. Heckenberger (eds.) *Time and memory in indigenous Amazonia: anthropological perspectives*, pp. 106-29. Gainesville, University Press of Florida.

Fausto, Carlos y Michael Heckenberger (eds.). 2007. *Time and Memory in Indigenous Amazonia. Anthropological Perspectives*. University Press of Florida, Gainesville.

Fontana, Luis Jorge. 1977[1881]. *El Gran Chaco*. Buenos Aires, Solar / Hachette.

Geraldi, Seferino. 1979. *Los que poblaron la sección Resistencia*. Resistencia, Talleres Gráficos Banco del Chaco.

Ginzburg, Rubén y Adámoli, Jorge. 2006. "Situación ambiental en el Chaco Húmedo", en A. Brown, U. Martínez Ortiz, M. Acerbi y J. Corcuera (eds.), *La Situación Ambiental Argentina 2005*, pp. 103-112. Buenos Aires, Fundación Vida Silvestre Argentina.

Giordano, Mariana.

2003. "Intrusos o propietario. Argumentos y percepciones sobre el derecho a la propiedad de la tierra del indígena chaqueño", *Gazeta de Antropología* 19: 1-16, http://hdl.handle.net/10481/7341

2006. "Indígenas y fotografía anglicana. Una mirada al grupo lengua de Markthalawaiya". *Suplemento Antropológico* XLI (1): 173-184.

2008a. *Discurso e imagen sobre el indígena chaqueño*. La Plata, Al Margen.

2008b. "Imaginario del indígena chiquitano. Visibilidades y ocultamientos", *Folia Histórica del Nordeste* 17: 137-160

2011. "Someter por las armas, vigilar por la cámara. Estado y visualidad en el Chaco indígena", *Revista Sociedade e Cultura* 14 (2): 383-400.

Giordano, Mariana y Mendez, Patricia. 2011. "La mirada de frailes y fotógrafos a las Misiones franciscanas de Chaco y Formosa. Aportes a la historia de la fotografía en el Norte Argentino a principios de siglo", *Revista de la Junta de estudios Históricos del Chaco* 5: 151-170.

Gordillo, Gastón.

1992. "Cazadores-recolectores y cosecheros. Subordinación al capital y reproducción social entre los tobas del oeste de Formosa", en Trinchero, H.; Piccinini, H. y Gordillo, Gastón (eds.) *Capitalismo y grupos indígenas en el Chaco Centro-Occidental*, Buenos Aires, Centro Editor de América Latina.

2005. *Nosotros vamos a estar acá para siempre*. Buenos Aires, Biblos.

2006. *En el Gran Chaco. Antropologías e historias*. Buenos Aires, Prometeo.

2010. *Lugares de Diablos. Tensiones del espacio y la memoria*. Buenos Aires, Prometeo.

Gordillo, Gastón y Hirsch Silvia. 2010. "La presencia ausente: invisibilizaciones, políticas estatales y emergencias indígenas en la Argentina", en Gordillo G. y Hirsch S. (eds.) *Movilizaciones indígenas e identidades en disputa en la Argentina*, Buenos Aires, La Crujía, pp. 15-38.

Gow, Peter. 2001. *An Amazonian Myth and its History*. Oxford, Oxford University Press.

Gregory, Derek. 2006. "The Black Flag: Guantánamo Bay and the Space of Exception", *Geografiska Annaler. Series B, Human Geography* 88 (4): 405-27.

Henare, Amiria, Holbraad, Martin y Sari Wastell. 2007. *Thinking Through Things: Theorising Artefacts Ethnographically*. London, Routledge.

Hermitte Esther y equipo. 1995. *Estudio sobre la situación de los aborígenes de la Provincia del Chaco y políticas para su integración a la sociedad nacional*. Posadas, Universitaria.

Hill, Jonathan (ed.). 1988. *Rethinking History and Myth. Indigenous South American Perspectives on the Past*. Urbana, University of Illinois Press.

Holbraad, Martin, Pedersen, Morten y Eduardo Viveiros de Castro. 2013. "The Politics of Ontology: Anthropological Positions", *Cultural Anthropology website*, http://culanth.org/fieldsights/462-the-politics-of-ontology-anthropological-positions

Horton, Joanna. s/f. *The Ontological turn*. https://www.academia.edu/6292081/The_Ontological_Turn

Hugh-Jones, C. 1996. "Bonnes raisons ou mauvaise conscience? De l'ambivalence de certains Amazoniens envers la consommation de viande", *Terrain* 26: 123-148.

Idoyaga Molina, Anatilde.1995. *Modos de clasificación de la cultura pilagá*. Buenos Aires, Centro Argentino de Etnología Americana (caea).

Iñigo Carreras, Nicolás.
1983. *La colonización del Chaco*. Buenos Aires, Centro Editor de América Latina.
1984. *Indígenas y fronteras. Campañas militares y clase obrera, 1870-1930*. Buenos Aires, Centro Editor de América Latina.

Karsten, Rafael. 1932. "Indian tribes of the Argentine and Bolivian Chaco", Helsingfors, *Societas Scientiarum Fennica* 4: 10-126.

Lefèbvre, Henri. 1991. *The Production of Space*. Wiley-Blackwell.

Leoni, María Silvia. 2001. "Los Territorios Nacionales", *Nueva Historia de la Nación Argentina*, pp. 43-76.

Lois, Carla Mariana. 1999. "La invención del desierto chaqueño. Una aproximación a las formas de apropiación simbólica de los Territorios del Chaco en los tiempos de formación y consolidación del Estado Nación Argentino", *Scripta Nova. Revista Electrónica de Geografía y Ciencias Sociales*. 38. Disponible en: http://www.ub.edu/geocrit/sn-38.htm

López, Alejandro.
2007. "Alimentos, Naturaleza e identidad en comunidades mocovíes del Chaco", *Itinerarios. Revista de estudios lingüísticos, literarios, históricos y antropológicos* 5: 153-166.
2013. "Las texturas del cielo. Una aproximación a las topologías *moqoit* del poder", en Tola, F., Medrano, C. y Cardin, L. (eds.) *Gran Chaco. Ontologías, poder, afectividad*, pp. 103-131. Buenos Aires, Rumbo Sur ethnographica / IWGIA.

López, Alejandro y Giménez Benítez, Sixto.
2008. "The Milky Way and its structuring functions in the worldview of the Mocoví of Gran Chaco", *Archaeologia*

*Baltica* 10: 21-24.

2009a. "Bienes europeos y poder entre los mocovíes del Chaco argentino", *Archivos. Departamento de antropología Cultural* 4-2006: 191-216.

2009b. "Monte, campo y pueblo: El espacio y la definición de lo aborigen entre las comunidades mocovíes del Chaco argentino", *Paisaje, espacio y territorio. Reelaboraciones simbólicas y reconstrucciones identitarias en América Latina*, N. Ellison y M. Martínez Mauri (eds.), pp. 163-179, Quito, Abya Yala.

Maeder, Ernesto.

1996. *Historia del Chaco.* Colección Historia de nuestras provincias. Buenos Aires, Plus Ultra.

2012. *Historia del Chaco.* Resistencia, Con-Texto.

Maeder, Ernesto y Gutiérrez, Ramón. 1995. *Atlas Histórico del Nordeste Argentino.* Resistencia, Instituto de Investigaciones Geohistóricas, CONICET-FUNDANORD.

Mases, Enrique Hugo. 2010. *Estado y cuestión indígena. El destino final de los indios (1878-1930).* Buenos Aires, Prometeo.

Medrano, Celeste. 2012. *Zoo-sociocosmología qom: de cómo los tobas y los animales trazan sus relaciones en el Gran Chaco.* Tesis doctoral, Facultad de Filosofía y Letras, Universidad de Buenos Aires.

Medrano, Celeste; Maidana, Mauricio y Gómez, Cirilo. 2011. *Zoología Qom. Conocimientos tobas sobre el mundo animal.* Santa Fe, Serie Naturaleza, Conservación y Sociedad, Ediciones Biológica.

Menget, Patrick. 1999. "Entre memória e história", en Novaes, A. (ed.) *A outra margen do ocidente.* São Paulo, Companhia das Letras.

Miller, Elmer. 1979. *Los tobas argentinos: armonía y disonancia en una sociedad.* México, Siglo XXI.

Miranda Guido. 1980. *Tres Ciclos Chaqueños. Crónica Histórica Nacional.* Resistencia, Nordeste Impresiones.

Messineo, Cristina.

1990-1991. Variantes dialectales del complejo lingüístico toba. Las Lomitas, Formosa, *Hacia una nueva carta étnica del Gran Chaco* 2: 13- 22.

2003. *Lengua toba (guaycurú): aspectos gramaticales y discursivos.* Münich, lincom Europa Studies in Native American Linguistics, 48.

2014. *Arte verbal qom. Consejos, rogativas y relatos. Textos bilingües anotados.* Buenos Aires, Rumbo Sur / Ethnographica.

Métraux, Alfred.

1946. "Indians of the Gran Chaco. Ethnography of the Chaco", en Julian H. Steward (ed.) *Handbook of South American Indians*, 1, *The marginal tribes*, pp. 197-370 (Washington, Smithsonian Institute, Bureau of American Ethnology, Bulletin 143).

1967. *Religions et magies indiennes d'Amérique du Sud.* París, Gallimard.

Meza, Manuel. 1978. *El Chaco Austral en su evolución histórica a través de cuatro siglos,* Edición del autor.

Miller, Elmer. 1979. *Los tobas argentinos: armonía y disonancia en una sociedad.* México, Siglo XXI.

Morello, Jorge H., Rodríguez, Andrea F. y Silva, Mariana. 2009. "Clasificación de ambientes en áreas protegidas de las ecorregiones del Chaco húmedo y seco", en Morello J. y Rodríguez A. (eds.) *El Chaco sin bosques: la Pampa o el desierto del futuro,* 53-91. Bue-

198 § Florencia C. Tola y Valentín Suarez

nos Aires, Orientación gráfica.

Obligado, Manuel. 1935. *La Conquista del Chaco Austral. Contribución a la Historia*. Buenos Aires, s/e.

Osuna, Lilia Juanita. 1977. "El Chaco y su población 1895-1970", *Folia Histórica del Nordeste* 2: 26.

Palavecino, Enrique.

1964. "Nota sobre la mitología chaqueña", en *Homenaje a Fernando Márquez Miranda*. Madrid, 284-292.

1969-70. "Mitos de los indios tobas", *Runa* 12 (1-2): 177-199.

Palmer, John. 2005. *La buena voluntad wichí: una espiritualidad indígena*. Formosa (APCD, CECAZO, EPRAZOL, Franciscanas Misioneras de María, Parroquia Nuestra señora de la Merced, Tepeyac) y Salta (ASOCIADA y FUNDAPAZ).

Penhos, Marta. 2005. *Ver, conocer, dominar. Imágenes de Sudamérica a fines del siglo XVIII*. Buenos Aires, Siglo XXI.

Povinelli, Elizabeth. 2001. "Radical worlds: the anthropology of incommensurability and conceivability", *Annual Review of Anthropology* 30: 319-34.

Renshaw, John. 2002. *The Indians of the Paraguayan Chaco. Identity and Economy*. Lincoln y Londres, University of Nebraska Press.

Richard, Nicolás.

2008. *Mala Guerra: Los indígenas en la Guerra del Chaco (1932-1935)*. Asunción y París, Museo del Barro, ServiLibro y CoLibris.

2011. La querelle des noms. Chaînes et strates ethnonymiques dans le Chaco boreal. *Journal de la société des américanistes* 97 (2): 201-230.

Rodríguez, José E. 1927. *Campañas del desierto (expediciones premiadas)*. Buenos Aires, Imprenta López.

Sánchez Orlando. 2009. *Historia de los aborígenes: tobas del Gran Chaco contada por ancianos*. Resistencia, Librería La Paz.

Santos Granero, Fernando. 2009. *Vital enemies: slavery, predation, and the Amerindian political economy of life*. Austin, University of Texas Press.

Salamanca, Carlos.

2011. *Historias de los lugares y lugares de las historias de los hombres y mujeres de San Carlos, Riacho de Oro y Santo Domingo*, en *Movilizaciones indígenas, mapas e historias por la propiedad de la tierra en el Chaco argentino. La lucha de las familias tobas de Poxoÿaxaic alhua*. Buenos Aires, Flacso / IWGIA.

2011. *Movilizaciones indígenas, mapas e historias por la propiedad de la tierra en el Chaco argentino. La lucha de las familias tobas de Poxoÿaxaic alhua*. Buenos Aires, Flacso / IWGIA.

Salomon, Frank. 1999. "Testimonies: The Making and Reading of Native South American Historical Sources", en: Salomon y Schwartz, *South America* 1: 19-95.

Schaller, Enrique.

1986. "La colonización en el Territorio Nacional del Chaco en el período 1869-1921", *Cuadernos de Geohistoria Regional* 12: 156.

2010. "Política de tierras en la Provincia del Chaco (1954-1971)", en Mari, O., Mateo G. y Valenzuela, C. (comp.) *Territorio, poder e identidad en el agro Argentino*. Buenos Aires, Imago Mundi.

Sendón, Pablo y Villar, Diego. (eds.) 2013. *Al pie de los Andes. Estudios de etnología, arqueología e historia*. Cochabamba, Colección Scripta autochtona 11.

Spota, Julio César. 2009. "Los fortines en

la frontera chaqueña (1862-1884). Un enfoque desde la antropología histórica en relación con la teoría de las organizaciones", *Memoria Americana* 17 (1): 85-117.

Tola, Florencia.

2005. "Socialidad en el mito: hombres, mujeres y animales desde la perspectiva toba", *Latin American Indian Literatures Journal* 21 (1): 59-79.

2009. *Les conceptions du corps et de la personne dans un contexte amérindien. Indiens Toba du Gran Chaco sudaméricain.* París, L'Harmattan.

2010. *Historias de lugares, acontecimientos y familias.* Registro, traducción y edición por parte de Florencia Tola (informe realizado en el marco del proyecto PICT 868 del Dr. Salamanca).

2010b. "Maîtres, chamanes et amants. Quelques réflexions sur la conception toba de l'agentivité", *Ateliers du LESC. Série thématique du laboratoire d'ethnologie comparative* 34. Disponible en http://ateliers.revues.org/8538

2011. "*Todos los hombres nacieron en Jerusalém. Mito, historia y Evangelio en las narraciones sobre los orígenes de los humanos entre los toba (qom) del Chaco argentino*", *Antropológica* 167-186.

2012. *Yo no estoy solo en mi cuerpo. Cuerpos-personas múltiples entre los qom (tobas) del Gran Chaco.* Buenos Aires, Biblos / Culturalia.

2014. "Esposos y amantes consanguíneos entre los *qom* del Gran Chaco", *Journal des Amèricanistes* 100 (1): 131-161.

2016. "Giro ontológico, múltiples mundos y animismo. Reflexiones desde el Gran Chaco", *Apuntes de Investigación del CECYP* (27): 128-139.

Tola, Florencia y Medrano, Celeste. 2014. "Circuitos en un espacio nombrado. Toponimia y conocimientos etnoecológicos *qom*", *Revista Folia Histórica del Nordeste* 233-254.

Tola, Florencia; Medrano, Celeste y Cardin Lorena. 2011. *Territorio, memoria y lengua entre los qom de Formosa.* Informe proyecto UNESCO N° 0049.

Tola, Florencia y Suarez, Valentín. 2013. "Diálogo sobre los existentes de un entorno superpoblado en el contexto de la *marisca* y la reivindicación política del territorio", en Tola, F., Medrano, C. y Cardin, L. (eds.), *Gran Chaco. Ontologías, Poder y Afectividad.* Buenos Aires, Rumbo Sur ethnographica / IWGIA.

Tomasini, Juan Alfredo.

1969-1970. "Señores de los animales, constelaciones y espíritus en el bosque, en el cosmos mataco-mataguayo", *Runa* 12 (1-2): 427-443.

1978-1979. "La narrativa animalística entre los toba de occidente", *Scripta Ethnologica* 5 (1): 52-81.

Torrella, Sebastián y Adámoli, Jorge. 2005. "Situación ambiental de la ecorregión del Chaco seco", en A. Brown, U. Martínez Ortiz, M. Acerbi y J. Corcuera (eds.), *La situación Ambiental Argentina 2005*, pp. 75-82. Buenos Aires, Fundación Vida Silvestre Argentina.

Trinchero, H., Piccinini, D., y Gordillo, G. 1992 (eds.). *Capitalismo y grupos indígenas en el Chaco Centro-Occidental (Salta y Formosa)/1.* Buenos Aires, Centro Editor de América Latina.

Venkatesan, Soumhya. (ed.) 2010. "Ontology Is Just Another Word for Culture: Motion Tabled at the 2008 Meeting of the Group for Debates in Anthropological

Theory, University of Manchester.", *Critique of Anthropology* 30 (2): 152-200.

Verstegan, Richard. 1587[1995]. *Le Théâtre des cruautés des hérétiques de notre temps. Texte établi, présenté et annoté par Frank Lestringant.* París, Editions Chandeigne.

Victorica, Benjamín. 1885. *Campaña del Chaco.* Buenos Aires, Imprenta Europea.

Villar, Diego y Combes, Isabelle. (eds.) 2012. *Las tierras bajas de Bolivia: miradas históricas y antropológicas.* Santa Cruz de la Sierra, Colección ciencias sociales de El País.

Vitar, Beatriz.
2008. "Mujeres, jesuitas y poder en las reducciones de frontera (Chaco, siglo XVIII)", *Memoria Americana* 12: 39-70
2005. "El poder jesuítico bajo amenaza. Importancia de las 'viejas' en las misiones del Chaco (siglo XVIII)", en A. Gutiérrez Escudero y M. L. Laviana Cuetos (coord.), *Actas del Congreso Internacional de Historia de América*, 1339-1352, Sevilla, Asociación Española de Americanistas.
2002. "Los jesuitas y la demonización del Chaco" (siglo XVIII)", en Fermín del Pino (coord.), *Demonio, religión y sociedad entre España y América*, 161-184, Madrid, Consejo Superior de Investigaciones Científicas.

2001. "Algunas notas sobre la figura de los líderes chaqueños en las postrimerías el siglo XVIII", en Teruel, A.; Lacarrieu M. y Jerez, O. (comp.), *Fronteras, ciudades y estados* I, 21-44, Córdoba, Alción Editora.
1995. "Mansos y salvajes'. Imágenes chaqueñas en el discurso colonial", en F. del Pino y C. Lázaro (coord.), *Visión de los otros y visión de sí mismos entre España y América*, pp. 107-126, Madrid, Consejo Superior de Investigaciones Científicas.

Viveiros de Castro, Eduardo.
2002. *A inconstância da alma selvagem e outros ensaios de antropologia.* São Paulo, cosac y naify.
2004. "Perspectival Anthropology and the Method of Controlled Equivocation", *Tipití Journal of the Society for the Anthropology of Lowland South America* 2 (1): 3-22.

Wright, Pablo.
1984. "Quelques formes du Chamanisme Toba", *Société suisse des américanistes* 48: 29-35.
1992. "Toba pentecostalism revisited", *Social Compass* 39 (3): 355-375.
2008. *Ser-en-el-sueño. Crónicas de historia y vida toba.* Buenos Aires, Editorial Biblos / Culturalia.